KB054404

초성장 독서법

초성장 독서법

초판 1쇄 인쇄 2020년 5월 25일
초판 1쇄 발행 2020년 5월 30일

지은이   전준우
편집인   서진
펴낸곳   이지퍼블리싱

편집진행   하진수

마케팅총괄   구본건
마케팅   김정현
영업   이동진
디자인   강희연

주소   경기도 파주시 광인사길 209, 202호
대표번호   031-946-0423
팩스   070-7589-0721
전자우편   edit@izipub.co.kr
출판신고   2018년 4월 23일 제 2018-000094 호

ISBN 979-11-968267-9-6 (03320)

초성장
독서법

전준우 지음

izi 이지퍼블리싱

독서의 의미는 _____
참된 나를 발견하고 부족함을 깨닫는 것 _____

내가 저자를 처음 만난 때는 2009년 5월로, 당시 강원도 영월에서는 세계국립대학총장 문화예술교육(UCAWE) 심포지엄이 한창이었다. 저자는 세계 각지에서 모인 대학 총장들의 영어통역 봉사를 하던 대학생이었는데 밝은 얼굴과 열정적인 자세가 무척이나 인상적이었다. 대회장이던 내게 수줍은 얼굴로 다가와 "국무총리님, 사진 한번 같이 찍을 수 있겠습니까?" 하고 인사를 건네던 그 청년이, 지금은 다른 청년들이 밝고 깨끗한 마음으로 살아갈 수 있도록 앞장서 돕는다니 대견할 따름이다.

책은 사람의 마음을 따뜻하고 풍성한 행복과 즐거움으로 채운다. 오직 책을 통해서만 발견할 수 있는 기쁨이 있다. 책을 많이 읽은 사람일수록 스스로 행복하게 만들 수 있으며 주변 사람들도 행복하고 기쁘게 만들 수 있다.

책은 마음의 양식이다. 그래서 누구든 책을 가까이 대하면 지혜로워질 수 있고, 겸손을 배울 수 있다. 독서의 진정한 의미는 자신의 참된 모습을 발견하고, 부족함을 마음 깊이 깨닫는 것이라 할 수 있다. 무엇보다 독서는 세상을 이끌어가는 사람들이 반드시 갖춰야 할 기본적인 소양 중 하나다. 그래서 사람들의 마음을 올바른 방향으로 이끌어야 하는 위치에 있는 이들에게 독서의 중요성은 아무리 강조해도 지나치지 않다. 하지만 때때로 개개인의 야심에 가려져 독서의 정확한 의미가 오용되고 퇴색되는 경우도 많다. 참으로 안타까운 일이다.

전준우 저자는 아프리카, 대안학교, 그리고 여러 교육기관을 거치며 겪은 경험과 다양하고 많은 책을 접하며 만들어진 마음으로 『초성장 독서법』을 썼다. 저자는 이 책에서 독서가 어떻게 자신은 물론 타인에게도 기쁨과 행복을 전달할 수 있는 마음을 만드는지 이야기하고 있다.

깨끗한 물이 흐르는 강에서 물고기가 살 수 있듯 사람 역시 마음이 깨끗하고 깊어야 기쁨과 행복이 풍성하고, 다른 사람에게도 나의 행복을 잘 전달할 수 있다. 이 땅의 수많은 젊은이가 나의 이익에 앞서 남을 더 깊이 생각하고 위하는 마음으로 살아가기를 진심으로 바란다.

— 이수성(전 국무총리)

틀린 질문에 _____
올바른 답이 나올 리가! _____

"인두 같은 한 문장을 만나기 위해 활자의 바다로 떠나는 여행!"

독서를 이처럼 멋지게 표현한 말이 또 있을까? 활자의 바다에서 만난 인두 같은 한 문장은 나를 성장시켰고, 좋은 방향으로 성장할 수 있도록 이끌었다.

성공한 사람들에게서 공통으로 발견되는 특징은 독서다. 독서를 통해 꾸준히 자극받고 자신을 성장시킬 화두를 관리한다. 배달의민족 김봉진 의장은 자신의 성공비결을 사람과 책이라고 자신 있게 말한다. 심지어 『책 잘 읽는 방법』이라는 책을 썼을 정도다. '책을 통한 자극과 깨달음'이 그의 성장비결인 셈이다. 카카오의 김범수 의장도 다독가로 손꼽히는데 그의 책상 위에 놓인 책은 언제나 나의 주요 관심거리다. 그의 생각이 어떤 방향으로 향하는지 가늠할수 있는 좋은 단서가 되기 때문이다.

독서는 단지 활자에 담긴 의미를 머릿속에 옮기는 과정이 아니다. 활자가 주는 상황에 빠지기도 하며, 키워드 하나가 불쑥 생각의 전환점을 만들기도 하고, 그동안 보이지 않던 것들을 볼 수 있게 만들기도 한다. 생각의 방향을 결정하는 독서는 성장과는 떼려야 뗄 수 없는 불가분의 관계다. 독서는 질문을 바꾸는 힘을 갖고 있다. 이와 관련해 박찬욱 감독의 영화 〈올드보이〉의 유명한 대사가 떠오른다.

"틀린 질문을 하니 맞는 대답이 나올 리가 없다!"

질문은 앞선 생각, 즉 전제의 영향을 받는다. 책은 질문의 전 단계인 전제를 바꾸는 힘을 가진다. 독서를 통해 전제가 바뀌게 되면 평소와는 다른 질문을 할 수 있게 되고, 그 질문은 생각의 다른 결들을 만들어내게 된다.

전준우 저자의 『초성장 독서법』은 같은 책을 읽어도 성장의 변곡점에서 각기 다른 결과를 만들어내는 이유, 독서가 사람을 어떻게 성장시키는지를 이야기한다. 이 책은 한마디로 '어떻게 하면 책을 효과적으로 읽고 성장할 것인가'에 대한 이야기로, 작가가 선험으로 깨달은 것들을 알려준다. 어떤 책을 읽을 것인가도 중요하지만 어떻게 읽을지도 매우 중요하다. 그래서 『초성장 독서법』은 '성장하기 위해서는 어떻게 책을 읽을 것인가'의 답으로 가득 찬 책이다. 독서를 통해 남들과 다른 성장을 원하는 사람이 있다면 이 책을 권하는 바다.

— 박용후(『관점을 디자인하라』 저자)

책을 만드는 건 사람이지만 _____

인간을 만드는 건 책이다 _____

　다양한 사람을 만나고 이야기를 듣지만, 저자처럼 다양한 활동을 하면서 젊은 나이에 책까지 여러 권 출간한 사람을 만나기는 쉽지 않다. 게다가 몇 권의 원고가 출판사와 계약된 상태이며 향후 출간될 예정이라니 놀라울 따름이다.

　저자는 다양한 교육기관에서 근무한 경험이 있는 데다 앞으로 청소년들을 위한 교육기관 설립에 꿈을 갖고 있다. 외국계 보험사에서 근무하면서 손에서 책을 놓지 않는 분명한 이유가 있는 모양이다. 훌륭한 습관을 지닌 그가 앞으로 얼마나 더 크게 성장할지 가늠조차 할 수 없다.

　미래를 이끌어갈 청년들에게 필요한 것이 바로 꿈과 희망이다. 그러나 요즘에는 그보다 취업, 결혼 같은 일상적인 문제들로 힘들어하는 청년이 더 많아진 것 같다. 누가 그들에게 도전정신을 이야기할 수 있으랴! 미래를 내다볼 수 있는 식견과 바른 인성, 따뜻하고 깊은 지혜까지 책에서 얻을 수 있다. 이런 책의 의미에 대해 진정성을 갖고 이야기해줄 수 있는 사람이 있다면 그보다 더 큰 위안이 없을 것 같다.

　책을 만드는 건 사람이지만, 인간을 만드는 것은 책이다. 독서의 장점을 이야기하는 사람은 많지만, 남보다 더 먼 앞을 내다보고 미래를 예측할 수 있는 사람들은 흔치 않다. 저자가 이야기하는 초성장 독서에 그 해답이 있지 않을까 생각된다. 전준우 저자의 『초성장 독서법』은 참된 인간상을 만드는 데 필요한 독서의 중요성을 깊이 있게 다루고 있다. 살면서 갖춰야 할 마음의 힘과 지혜를 담은 책이다. 일독의 가치가 있음은 당연하다.

── 배준호(사회적경제개발원 원장)

초성장 독서를 통한 전환점

어느 시대에나 탁월한 삶을 사는 사람들은 존재한다. 그들의
뛰어난 업적은 언제나 시대를 반영했고 그 흐름도 놓치지 않았다.
그들은 어떻게 그런 인생을 살 수 있었을까?

세상을 바꾼 위대한 인물들의 삶 속에는 그들이 가진 태생적
인 탁월함 외에도 변치 않는 진리가 있었다. 바로 묵상과 독서다.

나 역시 심각한 어려움과 걱정에 빠질 때마다 새벽 4시에 일어
나 서재를 뒤적거린다. 그리고 강하게 마음을 두드리는 책을 찾아
읽고 연구한다. 그 책 속에는 내 마음을 강하게 만들어주는 노련
한 지혜들이 숨어 있기에 해답을 준다. 그렇게 책 속 지혜들을 내
삶에 적용시켜 하나, 둘 문제를 해결해나갔다.

독서를 통한 변화는 내적 성장곡선으로 쉽게 설명할 수 있다. 일반적으로 생각하는 독서를 통한 변화는 아래와 같은 모습이다.

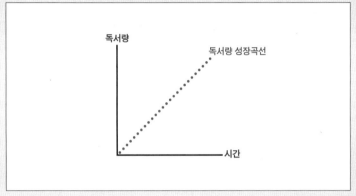

<그림 1> 독서를 통한 성장 그래프

위 그래프는 자기계발이나 취미 목적으로 독서를 시작한 사람에게 발견되는 성장곡선으로 독서를 통해 만들어지는 가장 1차적인 형태다. 이런 성장곡선이 어느 시점에 다다르면 정체기가 온다. 즉, 꾸준히 상향곡선을 그리며 상승하는 게 아니라 일정 단계에 접어들면 <그림 2>와 같이 변하는 것을 볼 수 있다.

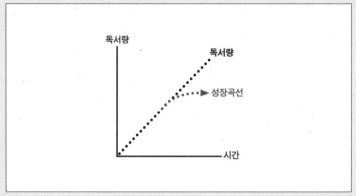

독서량

독서량

성장곡선

시간

〈그림 2〉 독서의 정체기 그래프

이런 상태는 우리의 경험을 통해 쉽게 이해할 수 있는데 독서를 하다 보면 어느 때부터 흥미를 잃고 무기력해지는 정체기, 내적 성장에 정체기가 찾아온다. 독서의 정체기를 표현한 그래프의 내적 성장곡선에서 간혹 퀀텀리프(Quantum leaf) 곡선을 그리며 성장하는 사람도 있다. 그러나 그런 사람은 극소수에 불과하다. 이런 변곡점, 즉 독서의 정체기에서 대부분의 사람은 하향곡선을 그리거나 정체되는 양상을 보인다. 독서를 통한 더 이상의 성장을 하지 못하고 하향곡선을 그리는 사람들의 특징은, 마음의 방향이 틀어지고 있다는 걸 인지하지 못하고 독서를 계속한다는 거다.

쉽게 말해 이렇게 설명할 수 있다. 누구나 꾸준한 독서를 통해 논리적이고 창의적인 사고를 할 수 있는 두뇌를 만들 수 있다. 하지만 모든 걸 다 안다는 생각과 자만심 때문에 도리어 지적·심적인 측면에서 하락세를 보이는 경우가 생긴다는 뜻이다. 결국 이런 이유로 〈그림 3〉과 같은 상태가 된다.

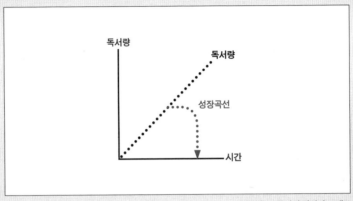

〈그림 3〉 독서의 하락기 그래프

반대로 변곡점에서 더 가파르게 성장세를 보이는 사람도 있다. 이 책에서 설명하는 초성장 독서법의 가장 큰 영향을 받은 사람들이다. 정리해보면 다음과 같다.

독서로 인한 성장은 어느 지점까지 누구나 같은 효과를 보인다. 하지만 어느 순간에 다다르면 정체기를 겪게 된다. 그러나 어떤 사람들은 내적 성장곡선의 변곡점을 기준으로 오히려 가파르게 꾸준히 성장한다는 것이다. 그리고 이런 폭발적인 성장을 이뤄내는 사람들은 내면에 어떤 변화를 느낀 지점이 뚜렷하다. 이는 어떤 커다란 깨달음의 변곡점이 발생된 시점이라고도 할 수 있다.

그들의 내면에는 어떠한 변화가 일어난 걸까? 탁월한 내면의 변화를 만들어낸 이들은 독서를 통해 무엇을 발견했으며, 어떻게 성장할 수 있었을까? 프랑스의 정치가 가스통 피에르 마르크는 다음과 같이 말했다.

"무슨 답을 하는가보다 무슨 질문을 하는가를 통해 사람을 판단하라."

독서는 답을 찾기 위한 과정이 아닌, 질문을 찾기 위한 과정이다. 올바른 질문을 던지면 올바른 답이 나오지만, 질문이 잘못되면 올바른 답이 나올 수 없다. 모든 사람이 혁신적이고 성공적인 인생을 살기 위해 고군분투하지만, 인생과 자기 자신에게 질문하지 않고 혁신만을 추구하는 삶이 성장할 가능성은 희박하다. 나는 지금껏 질문 없는 사람, 배울 마음은 없는데 가르치기만 하는 사람이 성장했다는 자료를 본 적이 없다. 지독한 독서 습관 역시 가지고 있을 리 만무하다. 그런 면에서 독서는 자기 자신에게 질문하는 방법을 배우는 가장 탁월한 습관이자 도구다. 책은 자신의 인생을 가장 세밀하고도 다각도로 관찰할 기회를 열어주기 때문이다.

  '책 속에 길이 있다.'

  이 변하지 않는 단순한 진리는 책의 위대함과 우수성을 압축시킨 말이다. 사람의 마음이 가는 길, 그 방향을 틀어주는 힘은 책에 있다. 이 책에서 그 방향과 힘에 대한 이야기를 나눠보고 싶다.

전준우

/ 목차 /

〈1장〉

독서에서 멀어진 사회

01

초성장을 이루어나가는 사람들

'독서는 완벽한 사람을 만들고, 토론은 재치 있는 사람을 만들며, 글쓰기는 빈틈없는 사람을 만든다.'

정치가 프랜시스 베이컨은 독서가 완벽한 사람을 만들 수 있다고 말했다. 나는 그 말에 덧붙여 그렇게 만들어진 사람을 '초격차 독서가 만들어낸 사람'이라고 생각한다. 초격차의 사전적 의미는 '빈부, 임금, 기술 수준 따위가 벌어져 서로 다른 정도'다. 우리는 종종 어떤 경쟁 상황을 설명하며 "격차가 많이 벌어졌다."는 표현을 쓴다. 격차는 우리 생활에서 흔히 쓰이는 단어다. 하지만 앞

20

에 '초'라는 단어가 붙으면 그 의미는 완전히 달라진다. 따라서 일상생활에서 잘 쓰지 않는 말이 된다.

사실 초격차는 사람에게 붙이기 힘든 단어다. 인간이 도달할 수 있는 일에는 한계가 있고 인류 역사에 획을 긋는 업적이 아닌 이상 '범접할 수 없는 결과'는 쉽게 오지 않기 때문이다. 삼성전자 전 회장이자 실질적 수장이란 평가를 받은 권오현 전 삼성전자 종합기술원 회장이 쓴 저서의 제목이 『초격차』다. 삼성을 초일류 기업으로 이끈 인물의 삶과 업적을 통해본 초격차의 위대함은 상상을 초월한다. 누구도 쉽게 뛰어넘을 수 없는, 감히 도전할 용기조차 낼 수 없는 탁월한 성과를 만들어내는 것이 초격차의 진정한 의미였다. 이는 기업뿐 아니라 개개인의 삶에도 적용된다. 초격차는 오로지 초일류를 추구하려는 개인, 혹은 집단에게만 어울릴 만한 단어인 셈이다.

정의하면 초격차는 넘볼 수 없는 차이를 만드는 '격'이다. 그렇다면 그 넘볼 수 없는 차이는 무엇이며 차이는 무엇으로 만들어질까? 1년에 100권을 읽는 다독가인 권오현 회장을 통해 독서가 초격차를 이룬 요소 중 하나라는 사실이 입증된 셈이다.

독서의 장점은 누구나 알고 있다. 개인의 자기계발에서 빠지지 않고 등장하는 것 역시 독서다. 자격증 취득, 사회봉사 활동, 인턴 경험은 자기 성장을 위한 좋은 기회지만 가장 쉽고 빨리 그리고 효과적으로 내면의 성장을 이뤄낼 방법은 단연코 독서가 제일이다.

내적 성장과 더불어 경제적 자립을 이루려는 태도, 미래를 내다보고 기회를 기다리는 눈, 정확하고 올바른 의사결정을 내리는 힘은 독서를 통한 사고력에서 비롯된다. 독서가 만병통치약이라는 말은 아니지만, 다양한 분야에서 성과를 이룬 사람들의 이야기를 책으로 접한 사람은 올바른 결정을 선택할 수 있는 사고의 힘이 생긴다.

평론가 신형철은 이렇게 고백한 바 있다. "좋은 작품은 내게 와서 내가 결코 되찾을 수 없을 것을 앗아가거나 끝내 돌려줄 수 없을 것을 놓고 간다. 책 읽기란 그런 것이다. 내게는 그 무엇도 이 일을 대체하지 못한다."

다음은 서울대학교 수시 학생부종합전형 자기소개서의 질문 중 일부다.

> 고등학교 재학 기간 또는 최근 3년간 읽었던 책 중 가장 큰 영향을 받은 책을 3권 이내로 선정하고 그 이유를 기술하여 주십시오.

이 질문은 서울대학교에서 원하는 인재상이 공부 잘하는 사람을 넘어, 책을 읽는 사람이라는 사실을 알 수 있다. 매년 서울대학교입학본부는 상당수 신입 학생을 만나고, 재학생 전원의 추이를 분석한다. 그중 입학관이 유심히 살펴보는 학생들의 공통점이 바로 독서다.

서울대학교는 입학본부 홈페이지 첫 페이지에서 '독서는 세상에 나의 관찰 안테나를 펴는 행위'라고 써 놓았다. 풍부한 독서를 통한 독해력, 문장 이해력, 사고력은 모든 공부의 기초가 될 뿐만 아니라 사회생활을 위한 필수 요건이 되었다. 다음은 서울대학교 홈페이지에 올라온 내용으로 2018년도 단과 대학별 지원자들이 가장 많이 읽은 도서 3권의 목록이다.

〈 2018년도 서울대학교 단과 대학별 지원자 독서목록 〉

단과대학	1위	2위	3위
인문대학	사피엔스	미움받을 용기	1984
사회과학대학	왜 세계의 절반은 굶주리는가	정의란 무엇인가	1984
자연과학대학	이기적 유전자	코스모스	페르마의 마지막 정리
간호대학	간호사라서 다행이야	간호사가 말하는 간호사	사랑의 돌봄은 기적을 만든다
경영대학	돈으로 살 수 없는 것들	넛지	경영학 콘서트

나는 30대 초반에 유발 하라리의 『사피엔스』와 『호모데우스』를 읽었다. 그러나 서울대학교 학생들은 10대, 20대 초중반에 두 책을 접했다. 이 점에서 나와 큰 차이가 난다. 같은 정보를 접했지만 시기에 따라 기회를 보는 눈, 성장의 폭이 달라진 셈이다.

　물론 이 전제는 상대적이다. 하지만 그들이 나보다 다양한 지식과 깊은 감수성으로 학창시절을 보낸 건 사실이다. 이른 나이에 뛰어난 문장력으로 쓰인 책으로 사고와 의식 수준을 한 단계 더 높은 수준으로 끌어올릴 기회가 그들의 학창시절에 주어졌다. 탁월한 차이를 만드는 초성장은 결국 의식의 전환, 강한 정신력이 바탕이기 때문이다.

02
삼국지, 그리고 언어영역 1등급

고3 수험생 시절, 아무리 노력해도 120점 만점인 언어영역에서 100점의 벽을 넘을 수 없었다. 공부에 흥미가 전혀 없기도 했지만 딱히 공부를 어떻게 해야 하는지도 몰랐다. 막연한 노력만으로는 한계에 다다랐고 다른 조치가 필요한 상황에 맞닥뜨렸다.

그때 독서실에서 함께 공부하던 중학교 동창이 있다. 지금은 의사가 된 그 친구는 전교에서 1등을 놓치지 않던 수재였다. 세상의 모든 걸 알고 있지 않을까 싶을 정도로 똑똑했고, 어떤 어려운 문제도 독창적인 방법으로 해결해내는 능력을 갖춘 독보적인 에이스였다.

어느 날 그 친구와 함께 문제집을 사러 갔는데 그 친구가 이문열의 『삼국지』를 집어 들고 말했다.

"지금까지 아마 8번인가 9번은 읽었을걸."

한때 좋은 대학에 들어가려면 『삼국지』를 여러 번 읽어야 한다는 불문율이 있었는데 그 친구는 이미 중학교 때 그 불문율을 따른 셈 아닌가. 중학교 때 그런 친구가 한 명 더 있었다. 전교 5등 아래로 떨어져본 적 없던 그 친구는 중학교 2학년 때 『삼국지』를 7번 읽었다고 했다. 그의 형은 『삼국지』를 15번 읽었는데 당시 400점 만점인 수능에서 391점을 받아 서울대학교 법학과에 합격해 언론의 화제가 되기도 했다.

그 친구는 『삼국지』를 여러 번 읽었더니 책의 전체적인 흐름을 파악하는 힘이 좋아져서 어떤 책이든 아무 페이지나 읽어도 쉽게 이해가 된다고 했다. 서점에 함께 간 친구도 그랬다. 『삼국지』를 10번 가까이 읽었더니 독해력이 좋아졌다고 말이다.

그날 나는 문제집 대신 『삼국지』 10권을 사 들고 왔다. 수능을 100일가량 앞둔 시점이었는데 어찌어찌하다 보니 일독을 할 수 있었다. 신기한 일은 그 후에 본 수능에서 언어영역 점수가 10점이 오르는 바람에 1등급을 받았다는 거다. 더불어 다른 과목도 10점이 올랐다. 이 경험이 내가 독서를 통한 의식의 전환, 정신력의 강성을 처음 맛본 때다.

그러나 『삼국지』 완독 후 그 이상의 변화를 만나기까지는 꽤 오랜 시간이 걸렸다. 전 세계인의 사랑을 받는 고전 『위대한 개츠비』를 이해하며 읽을 수 있게 된 시기도 20대 중반이 훌쩍 넘어서였다. 하지만 『삼국지』를 통해 독서의 위대함을 느낀 후부터 독서가 어떻게 인생의 변환점을 만들어갈지에 대해 진지한 고민을 멈춘 적이 없었다.

코흘리개 어린아이 시절부터 여러 책을 섭렵한 세계적인 지성인이 있다. '지의 거장'이라는 별명을 가진 다치바나 다카시로 일본을 대표하는 독서광이자 작가다. 그를 처음 알게 된 20대 초반, 나는 아르바이트로 모은 돈을 탈탈 털어 그의 책 9권을 샀다. 독서광은 주위에도 많고 하루에 한 권 이상 읽는 사람도 많다. 하지만 다치바나 다카시는 그저 책을 좋아하는 사람이 아니라 방대한 지식의 축적을 이뤄갔다는 점에서 존경할 만한 사람이다.

다치바나 다카시는 데아미치스의 『쿠오레』라는 책을 유치원 때 읽었다고 하고, 초등학교 3학년 때부터 초등학교 졸업할 때까지 셰익스피어의 『햄릿』 『로미오와 줄리엣』 『리어왕』 『베니스의 상인』 『맥베스』를, 초등학교 4학년 때부터 6학년 때까지 『일리아드』 『오디세이』 『레미제라블』을 읽었다고 한다.

나는 그때부터 다치바나 다카시를 독서의 롤모델로 삼았다. 그래서 결혼을 준비하면서도 '아무리 어려워도 반드시 서재를 만들 것'이라고 다짐했다. 그리고 어느 순간부터 극장에 가는 것보다 아내와 함께 서재에 앉아 공부하는 일이 더 큰 즐거움이 되었다.

다양한 분야의 책을 읽다 보면 자연스레 문장을 이해할 수 있는 문해력이 생긴다. 어휘력도 올라가며 속독도 가능해진다. 수준 높은 독서 습관은 대화의 수준도 높여준다. 인문학뿐만 아니라 다양한 분야의 책을 접할 때도 쉽게 이해하는 지적 힘을 길러준다.

교육기관에서 교사로 일할 때 공부하는 시간에 비해 성적이 저조한 학생이 몇 명 있었다. 그 학생들에게 양질의 독서를 권했는데 그중 한 학생은 전교 5등 안에 드는 성적을 받기도 했다. 어린 학생들이라 가능했는지 모르지만 숱한 어려운 상황을 이겨낼 힘을 기르기 위해 독서 습관이 반드시 필요하다는 사실은 기억해 둘 필요가 있다.

세상의 시야에는 한계가 있다. 그 나이에서 접근할 수 있는 범위가 한정되어 있기 때문이다. 하지만 책은 다르다. 책은 사고의 한계를 넓힌다. 중학생 나이에 칼 세이건의 『코스모스』를 읽는다는 의미는 세계적인 석학과 대화를 나누는 것과 같다.

우리는 살면서 수많은 경험을 하고 올바른 선택을 하려고 노력한다. 그러나 올바른 선택이라도 자신이 살고 있는 삶의 반경(boundary) 안에서만 올바른 선택이 될 뿐, 객관적인 시각에서는 결코 올바른 선택이라 확언할 수 없다. 그렇기에 기회를 얻거나, 탁월할 정도의 긍정적인 결과를 얻기 위해서는 뛰어난 사고력이 필요하다. 명확한 판단력, 유연하고 뛰어난 결정, 괄목할 만한 결과는 뛰어난 사고력으로 말미암은 선택이 만들기 때문이다. 주변인들과 대화가 비슷한 의식 수준에서 이뤄질지라도 양질의 독서는 의식 수준, 어휘력, 통찰력이라는 측면에서 앞서나가는 기회를 제공해준다. 넘볼 수 없는 차이를 만드는 초성장의 기회가 비로소 열리는 것이다.

세계적인 천재 칼 비테 주니어는 8살 때 호메로스의 『일리아드』를 읽었다. 서울대학교를 졸업하고 MIT에서 박사학위를 받은 뒤 현대중공업 회장을 역임한 조선공학의 세계적인 권위자 민계식 현대학원 이사장은 "5살 때 아버지가 UN 인권 헌장 서문을 외우게 하셨다."라고 했다.

이런 경험은 초성장한 삶을 사는 사람들이 가진 공통적인 일이다. 이처럼 초성장할 기회는 수준 높은 지식의 노출, 그리고 탁월한 습관의 반복에 있다. 독서만이 정답은 아니겠지만 독서가 빠진 정답도 없다. 인간이 살면서 만나는 거의 모든 문제의 해답은 책 속에서 찾을 수 있다. 그런 이유로 독서가 모든 공부의 기초인 것이다.

03

초성장을 위한 '나쁜 습관'에 집중하라

지금의 내 독서 습관은 엄청난 독서량과 작가가 되고 싶다는 막연한 목표를 계기로 형성됐다. 하지만 작가의 꿈을 품게 된 건 불과 10년도 되지 않는다. 20대 때 나는 끊임없이 변화를 꿈꿨다. 어제보다 나은 내일을 만들고 싶다는 마음이 있었다. '내 인생은 결코 이렇게 무너지지 않는다, 반드시 지금보다 나은 인생을 만들 것이다'라고 생각했다. 혹 인생에 어떤 변화가 찾아와 삶을 바꿀 기회가 온다면 온 마음을 다해 배우고 싶다고 생각했다. 반드시 의미 있는 일을 하며 인생을 살 거라고 수없이 다짐했다.

그리고 그리 오래지 않아 내 인생의 많은 부분을 변화시킬 기회가 찾아왔다. 20대의 어느 날, 아르바이트를 하러 가는 길에 해외봉사단 현수막과 포스터를 우연히 발견했다. 오래전 기억이지만 지금도 따스한 기억으로 남아 있는 이유는 그 이후로 내 인생의 많은 부분이 바뀌고 성장했기 때문이다.

아프리카에서 봉사활동을 하며 보낸 시간은 내 인생에 있어 큰 의미가 있었다. 매일 저녁노을이 질 때면 광활한 아프리카의 어느 마을에서 하염없이 걷고 또 걸었다. 지평선 너머로 지는 해를 바라보며 인생을 생각하고 슬픔과 기쁨을 생각했다. 스물다섯에 만난 아프리카의 하늘은 무척 고요하고 높았으며 숨 막힐 듯 아름다웠다.

그곳은 물도 음식도 사람도 물자도 귀했다. 모든 것이 귀한 아프리카는 내게 불편함과 감사함의 기준을 알게 했다. 내게는 당연한 일이 그들에게는 당연한 일이 아니었고, 내가 불편해하는 현실이 그들에게는 상상조차 할 수 없는 편안함이었다. 그런 경험은 나를 한층 더 성숙한 사람으로 만들었다. 결국 지금의 나를 만든 곳은 아프리카였다.

꿈이 없이 산다는 사람이 많다. 꿈이 없다는 말은 어떻게 살아야 할지 목표가 분명하지 않다는 말과 같다. 살다 보면 다양한 사람과 기회를 만나게 된다. 그 기회는 꿈으로 연결되기도 한다. 인생은 끊임없는 연결과 만남으로 이뤄져 있다. 그리고 그런 기회들을 찾을 수 있는 탁월한 눈은 나의 긍정적·부정적 행동 습관에 달렸다.

평범하게 사는 사람이라면 습관의 중요성을 망각하며 살아갈 수 있다. 회사에 출근하는 일도 어떤 면에서는 습관이다. 일을 하고 직장 동료들과 식사를 하고 미팅을 하는 일들은 습관의 연속이다. 단, 내가 의도적으로 만든 습관이 아니라 타인에 의해, 조직에 의해 만들어진 주입식 습관이다.

> 습관은 인간으로 하여금 어떤 일이든지 하게 만든다.
> — 도스토옙스키

도스토옙스키의 명언을 따져보면 '어떤 일' 안에 긍정적 결과를 만들어낼 수 있는 좋은 습관만 담겨 있는 건 아니다. '어떤 일이든지'라는 말 안에는 부정적인 습관도 함께 포함된다. 습관적인 불평, 지각, 거짓말. 이 모든 것 역시 '어떤 일이든지 하게 만드는 습관'의 범주에 포함된다. 또한 습관적인 자기 통제의 결여, 습관적인 과잉반응, 습관적인 분노조절장애도 포함된다. 그래서 스스로 관리하지 않는 습관은 주입식 습관으로 변질될 가능성이 크다.

주입식 습관의 가장 큰 장점은 안정감이다. 일상이 나태하게 흘러갈 수 없도록 잡아주고, 좋든 싫든 다양한 방면으로 활동할 수 있도록 도와준다는 점에서 큰 매력이 있다. 직장인이라면 이 주입식 습관으로 일상생활이 단순하게, 하지만 매우 체계적이고 능동적인 방향으로 잡힐 수 있어서 안정적인 일상을 꾸려나갈 수 있다.

그러나 주입식 습관의 단점을 간과해서는 안 된다. 앞서 말한 것처럼 주입식 습관은 변질될 가능성이 큰 습관이다. 넓은 의미에서 인간이 최선의 선택을 내릴 수 있도록 돕는 강력한 도구는 능동적인 습관이다. '인류에 획기적 변화를 일으킨 사람들'이라는 화려한 수식어를 사용하지 않아도 우리 주변에는 능동적 습관을 활용해 자기 성장을 일궈낸 사람이 많다.

빌 게이츠는 어린 시절 집 근처 도서관에서 수천 권에 달하는 책을 읽으며 창의력을 키웠다. 그 힘이 결국 지금의 마이크로소프트를 만들었다. 말콤 글래드웰이 쓴 『아웃 라이어』에서 빌 게이츠가 대부분의 사람이 가지지 못한 '하늘의 기회'를 얻은 것도 사실이다. 그러나 아무리 뛰어난 두뇌를 가진 영재라도 꾸준히 창의력을 발달시켜야 하는 어린 시절을 독서와 함께하지 않았다면 결과는 달라진다. 지금의 빌 게이츠가, 마이크로소프트가 없을지도 모른다는 말이다. 폭발적으로 성장하기 위한 기로에 서 있던 정보산업화 시대 초창기 무렵, 그는 적절한 타이밍에 기회를 잡았고 역사를 바꿨다. 그 성공의 저변에는 깊이 뿌리내린 독서 습관이 있었다.

명문가 집안에서 태어난 빌 게이츠는 어린 시절부터 책을 읽고 토론하는 분위기에 익숙해져 있었다. 10살이 되기 전에 이미 백과사전을 독파한 독서 습관을 가지고 있었고 독서경진대회에서는 언제나 1등을 차지했다. 대부분의 아이가 책을 읽고 간단하게 느낀 점 정도의 독후감을 써내는 반면 그는 수십 장에 달하는 독후감을 제출하는 습관을 가졌기 때문이다.

"하버드대학의 졸업장보다 소중한 것이 독서 습관이다."

빌 게이츠의 말이다. 지금도 매일 1시간 이상 독서를 하고, 주말에는 4~5시간 독서하는 습관을 가진 빌 게이츠는 과학과 비즈니스를 포함해 폭넓은 분야의 독서를 한다. 그의 삶에 최선의 결과를 만들 기회를 연속해서 제공해주는 중요한 도구가 독서였던 셈이다.

신뢰할 만한 연구결과에 따르면 학력이 높은 사람일수록 연평균 독서량이 높은 것으로 나타났다. 게다가 월평균 소득이 250만 원 미만인 직장인은 1년에 약 13.5권을 읽는 반면, 550만 원 이상인 사람은 16.8권을 읽는다는 연구 결과가 있다. 직장 내에서의 직급과 연봉이 올라갈수록 더 넓고 다양한 지식을 갖추기 위해 책 읽기를 선호했다. 이는 소득과 독서량 사이에 깊은 상관관계가 있음을 나타내는 지표라 할 수 있다.

또한 직급이 올라갈수록 책을 한 권도 읽지 않는 사람은 사원

16%, 대리 9.1%에서 과장급이 6.5%, 차장과 부장급이 되어서는 6.2%, 임원급은 5.7%로 점점 하락세를 띤다. 직급이 올라갈수록 책을 한 권도 읽지 않는 사람 수는 줄어들지만, 직급이 올라가고 회사에서의 입지가 굳어질수록 독서 습관이 느슨해지는 것으로 조사되었다.

회사 내에서 직급이 올라갈수록 연봉은 올라가고 챙겨야 할 직원 역시 많아진다. 그러나 그에 반해 맡은 바 업무는 많아지고, 육체적으로나 정신적으로 점점 쇠퇴해가는 것도 망각하면 안 된다. 젊음을 바쳐 일한 회사는 나의 노력으로 점점 성장할지 몰라도 나를 돌아보지 않고 앞만 보고 달리는 사람에게 회사는 '명예퇴직'이나 '권고사직'이라는 이름의 배신을 안겨준다. 그런 사람에게 독서는 최소한의 대비책이자 지금보다 더 나은 미래를 준비하는 기회를 제공한다.

책을 읽는다고 해서 반드시 성공한다는 보장은 없다. 그러나 책을 읽지 않고 성공한 사람은 세상에 없다. 책을 읽지 않고 성공하는 방법도 없다. 나 역시 수많은 실패를 겪으면서 책을 가까이 하게 되었고 책을 통해 다양한 분야의 지식을 얻을 수 있었다. 책을 읽으면서 왜 사업이 실패했는지도 알 수 있었고, 어떻게 하면 성공에 조금 더 가까이 다가갈 수 있는지도 알 수 있었다. 책을 통한 간접경험들이 앞으로 만나게 될 실패를 미리 최소화해준 셈이다.

살면서 독서가 나쁘다고 이야기하는 사람은 본 적이 없다. 독서가 얼마나 좋은 습관인가? 가치 있는 생각을 모아 정리한 사람들이 탁월한 언어로 문서화한 자료를 엮은 게 책 아니던가? 그런 책을 읽는 게 얼마나 좋은 습관인가? 작가가 경험한 가치 있는 일의 연속, 그 과정을 그대로 글로 옮긴 게 책이다.

책은 생각을 정리하는 훈련을 꾸준히 해온 사람만이 만들어 낼 수 있는 창조물이다. 깔끔하게 정리된 책은 그 자체만으로도 깊은 가치를 담은 그릇으로서 의미가 있다. 정리되지 않은 생각을 가진 사람은 책을 쓸 수 없다. 탁월한 책을 쓴 대부분의 작가는 생각과 마음을 정리하는 자세를 배운 사람들이다. 에픽테토스(고대 그리스 로마의 철학자)의 말처럼 모든 습관은 노력에 의해 굳어지기 마련이다.

진정으로 책을 가까이하는 사람에게는 평소 만나는 사람들에게 느낄 수 없는 어떤 기운이 있다. 그들이 가진 지식 자체보다 그들의 삶과 행동에서 많은 영감을 얻는다. 그런 사람에게서 배우는 독서 습관은 삶을 굉장히 풍족하게 만들어주는 도구가 된다. 책을 가까이하는 사람을 각별히 여기면 몰라보게 달라진 자신 또한 발견하게 된다. 그로부터 변화를 원하는 나 자신의 삶도 성공 확률이 높아질 것이다. 수동적인 습관이 아닌 의도적 습관, 즐거운 배신을 내게 선물해보자.

독서를 해야 하는 이유가 없으면 아무리 많은 책을 읽어도 효과를 보기 어렵다. 당신은 왜 책을 읽으려 하는가? 당신에게 책은 어떤 의미인가? 책을 통해서 이루고 싶은 것은 무엇이며, 누구에게 어떤 도움을 주고 싶은가? 이것이 분명하지 않으면 책을 읽는 건 무척이나 지루하고 어려운 일이 될 수도 있다.

누구든 성장하고 싶어 하고 변화하고 싶어 한다. 하지만 책을 읽지 않고 변화하기를 바라는 일은 요행에 불과하다. 이제 성장을 위한 독서를 시작해보자.

<2장>

왜 초성장 독서를 해야 하는가

01

초성장 독서의 목적과 의미

25살에 백만장자가 된 어느 사업가가 있었다. 젊고 패기 넘치는 그의 사업은 크게 성장해 소득이 비약적으로 커졌다. 어느 날 그는 '이 많은 돈을 어떻게 할까?'라는 고민을 품고 세계 여행을 떠나기로 했다. 걷다 지치면 잠들고, 일어나면 다시 여행을 떠났다. 그러기를 6개월, 그는 중요한 깨달음을 얻어 고향으로 돌아왔다. 그 깨달음은 바로, "사람은 일을 하고 살아야 한다."였다.

자기계발을 위해서 하는 노력은 무엇이든 칭찬받아 마땅하다. 어떤 일이든 배울 마음을 갖고 있기 때문이다. 회사 입장에서는 끊임없이 자신의 부족함을 발견해 채우려고 노력하는 사람을 신뢰할 수밖에 없다. 끊임없이 자기계발을 하는 도구 중 가장 신뢰할 만한 것으로 책 쓰기와 독서가 있다.

책 쓰기와 독서는 누구에게나 열려 있는 기회이자 그 자체가 자기계발이다. 책을 읽고 쓰는 행위와 그 과정을 통해 겪게 되는 육체적·정신적 정진은 값진 경험이자 자산이다. 또 그 과정에서 얻는 마음의 변화는 독서에서 얻을 수 있는 최고의 보상이다. 나 자신이 누구인지 돌아보고 발견하는 기회를 만날 수 있기 때문이다. 나를 돌아본다는 말은 나 자신을 안다는 말과 같다. 스스로 돌아볼 기회를 삶에서 발견한다는 것은 매우 의미심장한 일이다. 그런 사람들이 주위 사람들에게 듣는 평가가 있다. 바로 '지혜롭다'는 말이다.

지혜롭다는 말은 나이가 많은 사람에게만 쓰는 말이 아니다. 나이가 많다고 지혜로운 것은 아니다. 나이가 많지 않아도 지혜로운 사람이 있다. 지혜롭다는 말의 기준이 모호하긴 하지만 깊은 통찰과 내공이 비치는 결정을 통해 지혜로움을 보여주는 사람들이 있다. 그런 지혜는 나이와 상관이 없다.

가끔은 인간의 한계를 뛰어넘는 정신적 세계를 가지고 있는 사람들을 만날 때가 있다. 공통적으로 그들 대부분은 비범한 마인드를 가지고 있었고, 자신의 부족함을 알고 다양한 방면에 관심을 갖고 공부하며 지식을 쌓고 있었다. 삶 속에서 초성장을 이루는 사람인 셈이다.

책 한 권을 집필한다는 건 많은 시간과 노력을 요할 것이다. 신념과 가치관, 논하려는 주제를 독자가 쉽게 이해할 수 있게 하려면 많은 수고의 과정이 필요하다. 그렇게 쓰인 한 권의 책에는 작가의 강한 마음, 수려한 마음, 부담을 뛰어넘는 마음, 세밀한 마음이 모두 들어 있다. 그 세계를 내 마음에 옮겨 담는 작업이 독서다.

그러므로 독서는 마음을 길들인다. 마음을 길들이면 실패하지 않는 삶을 살게 된다. 실패한 인생을 사는 이유는 마음을 길들이지 않았기 때문이다. 훈련되지 않은 야생마를 타고 다닐 수 없듯, 길들이지 않은 마음으로 인생을 산다는 건 위험한 일이다. 마음을 길들이지 않은 사람들이 저지른 수많은 사건, 사고가 매스컴을 통해 우리에게 전달된다. 탐독을 강조하는 이유다.

책은 사람의 마음 세계를 깊고 풍부하게 울린다. 이런 목적으로 책을 찾는 사람들은 고전을 읽는다. 오래된 고전을 읽고 분석하며 끊임없이 토의하는 학습 과정은 삶을 꿰뚫어보는 통찰력 교육의 초석이 되어준다. 고전은 인간을 변화시키는 데 부족함 없는 지혜를 담고 있기 때문이다.

특히 미국의 자유교양대학 중 하나인 세인트존스대학(Saint johns university)은 학부 생활 4년 동안 100여 권의 고전을 읽고 토론하는 게 교육과정의 전부다. 하루에 약 300~400페이지 분량의 고전을 읽고 세미나를 개최하며, 개별 지도와 실험에도 참가한다. 졸업할 때가 되면 세계 최상위권 대학인 하버드, 프린스턴, 예일을 넘어서는 능력을 갖추게 되어 미국 최고 수준의 두뇌를 만드는 데 앞장서고 있다. 다만 고전을 읽을 때 추천하고 싶은 제안은 다양한 관점에서 생각하고 토론할 수 있는 튜터(Tutor)와 고전문학 교육과 토론을 함께하는 일이다.

독서는 마음을 길들이는 일이다. 마음을 길들이기 위한 최고의 책이 고전이다. 그러나 고전 읽기 그 자체가 성공의 보증수표는 아니다. 마음을 길들이지 못하는 인문고전 탐독이 무슨 의미가 있겠는가?

어떤 사람이 입으로는 다섯 대 수레의 책을 외지만, 그 뜻을 물으니 멍하니 알지 못하는 이유는 다름이 아니라 생각하지 않았기 때문이다.

—「서애집」유성룡

책을 하루에 한 권 읽어도 깊게 생각하지 않으면 보기 좋은 취미생활에 불과하다. 종종 대중 언론 매체보다 더 큰 파급력을 가진 사람이 자신의 독서 이력을 어필하는 경우가 있다. 그럴 땐 그 사람의 삶을 주의 깊게 살펴볼 필요가 있다. 쇼펜하우어의 주장을

통해 독서의 참된 의미를 한 번쯤은 되새겨봐야 할 때다. 독서는
사색의 대용품으로 정신에 재료를 공급할 수는 있어도 우리를 대
신해서 저자가 사색해줄 수는 없다.

> 다독을 피해야 하는 이유다. 다시 말해 대용품, 즉 독서가 실
> 제적인 사색을 방해할 수도 있다.
>
> —「문장론」쇼펜하우어

어떤 목적이든 독서는 좋다. 다독이든, 속독이든, 정독이든 나
의 독서 습관은 곧 완전한 나를 만드는 과정의 일부분이다. 다만
쇼펜하우어의 말처럼 '사색하지 않는 독서' '생각하지 않고 읽어 내
리기만 하는 독서'는 그 자체로 불완전한 인간을 만드는 데 일조할
뿐이다. 어떤 책을 읽을 것인가를 궁리하기보다 책을 통해 어떤
인간이 되려 하는가를 생각해보는 일이 더 효과적인 독서법일 수
있다.

02

책 속에는 또 다른 책이 있다

얼마 전 도서관에서 책을 한 권 빌렸다. 저자는 카이스트를 졸업한 뒤 대기업에서 승승장구하다 자녀교육을 위해 교육기관으로 이직한 뒤 관련 책을 집필한 사람이다. 그 책에는 저자가 읽은 여러 가지 책에서 얻은 지식과 노하우가 스며들어 있었다.

책 속에 언급된 책 중 대표적으로 몇 권을 꼽아보자면, 앤젤라 더크워스의 『그릿』, 말콤 글래드웰의 『아웃라이어』, 미하이 칙센트미하이의 『몰입의 즐거움』이 있다. 나 또한 밑줄을 그으면서 여러 번 통독한 책들이었는데 이 저자도 같은 책을 읽고 나와 비슷한 영향을 받았다니 묘한 공감이 생겼다. 공감이 생기니 저자의 논리에 더욱 신뢰가 갔다. 관심 있는 분야에 종사하는 사람이 쓴 책에서 발견한 실패담과 성공담은 내 삶에 더 큰 변화를 가져오기도 한다. 이런 마음이 드는 건 나뿐만이 아닐 거다.

한 권의 책을 읽고 여러 권의 책을 더 알게 되고 그중 읽고 싶은 책을 찾아내는 경우가 많다. 책 속에서 새로운 책을 찾는 일은 굉장히 빠르고 치밀한 연쇄독서(Chain reading effect)를 일으킨다. 작은 불꽃이 큰불을 만들어내듯 한 권의 책을 통해 더 혁신적이고 독창적인 정보를 담고 있는 책을 소개받을 수 있다. 그 책들은 믿을 만한 정보를 담고 있으리라는 확신을 준다. 내가 읽고 있는 책의 저자에게 영감을 준 책이기 때문이다.

책 속에서 새로운 책을 찾으면 빠른 속도로 질 높은 독서 목록을 완성할 수 있다. 하루 한 권 이상의 책을 읽는 사람들은 모두 이런 과정으로 책을 고른 경험이 있을 것이다. 책은 기본적으로 사람의 이야기다. 책을 고르는 나는 나와 비슷한 생각과 가치관을 가진 사람의 이야기를 책 속에서 듣는다. 내가 만나고 싶고 알고 싶은 사람들과의 지속적인 교류 기회를 연쇄 독서를 통해 얻을 수 있다. 그 기회를 두 글자로 표현하면 '연결'이다. 깊이 있고 꾸준한 독서를 하려면 깊고 정확한 이해력이 필요한데, 이를 위해서는 책과 책들 사이에 연결된 점을 찾는 일이 중요하다.

책은 지혜로 쓰는 것이다. 내가 가진 지혜의 세계와 비슷한 지혜의 세계를 가진 사람과 연결된다면, 내가 찾던 지혜를 그 책에서 얻을 수 있다. 나 역시 내가 읽는 책 속에 소개된 책, 저자가 인용한 책을 독서 목록에 추가한다. 애초에 나는 '내가 닮고 싶은 사람이 쓴 책' '배우고 싶은 점을 가진 사람이 쓴 책'을 읽기 때문에 원활한 연쇄 독서가 가능하다. 내 인생에 별다른 영향력을 주지 못할 것 같은 책을 군이 바쁜 시간을 쪼개 읽을 필요가 없지 않겠는가.

03
세상은 지식보다 지혜를 원한다

초성장을 이루는 독서는 영혼을 움직이게 만드는 좋은 책을 읽는 습관에서부터 시작한다. 책을 읽고 행동 변화로까지 이어지려면 우선 마음에 와닿아야 하기 때문이다. 그러기 위해서는 좋은 책을 골라야 하는데 일반적으로 좋은 책을 쓰는 저자는 둘 중에 하나다.

• 탁월한 마인드를 갖춘 사람
• 탁월한 문장력을 갖춘 사람

『햄릿』『오셀로』『맥베스』. 셰익스피어의 작품이 표절인지 아닌지 나는 잘 모른다. 그러나 '한 시대가 아닌 모든 시대를 위한 작품'이라고 불리는 그의 작품이 하나같이 탁월하다는 점에서 의심을 품기엔 타당성이 떨어진다. 셰익스피어의 재능과 능력은 당대를 뛰어넘는 수준이었음을 인정할 수밖에 없다.

어디 셰익스피어뿐인가? 『삼국지』『데미안』『참을 수 없는 존재의 가벼움』 등은 표절이 아니라 창조를 선택했다. 탁월한 문장력을 바탕으로 인고의 시간 속에서 역사를 거스르는 작품들이 창조되었다. 역사에 기록될 만한 고전은 작가의 마음의 결이 탁월했거나, 문장력이 탁월했다. 그들을 단순히 '글쟁이' '베스트셀러 작가'라고 할 수는 없을 것이다.

오레온대학교의 심리학과 교수이며 심리학자인 폴 슬로빅(Paul slovic)교수는 심리학 분야에서 세계적인 명성을 가진 인물이다. 그는 사람들이 알고 있는 정보가 최종 의사결정에 얼마나 영향을 미치는지 확인해보기로 했다. 교수팀은 유명한 경마 도박꾼 8명을 대상으로 그들이 우승마를 얼마나 정확하게 예측하는지를 실험했다. 그리고 그 결과는 놀라웠다.

도박꾼들은 첫 번째 라운드에서 모두 자신의 경주마에 각각 다른 정보 5가지를 제공받았다. 경주마다 평균 10마리의 말이 출

전하는데 8명의 도박꾼이 한 마리씩 우승을 점친다 해도 평균 우승 확률은 10%가량이다. 5가지 정보를 들은 도박꾼들의 예측 정확도는 17%, 자신감 지수는 19%였다. 2라운드에서는 10가지 정보, 3라운드에서는 20가지 정보, 4라운드에서는 40가지 정보가 추가로 전달됐다. 하지만 예측 정확도는 17%에서 전혀 달라지지 않았다.

여기서 주목할 점은 그들의 자신감 지수가 2배나 높은 34%까지 올랐다는 점이다. 자신에게 주어진 정보가 많아질수록 예측이 맞을 거라는 기대감이 충족되면서 투자하는 돈의 규모도 함께 커졌다. 하지만 그들의 정확도는 달라지지 않았으니 결국 많은 돈을 잃는 결과를 초래했다.

▤ 사람을 바꾸는 것은 지식이 아니라 지혜

확증편향(確證偏向, confirmation bias)이란 말의 사전적 의미는 '원래 갖고 있는 생각이나 신념을 확인하려는 경향성'이다. 인간이 스스로의 무지함을 발견하기 전까지는 결코 돌이킬 수 없는 마음 상태로 살아감을 비판하는 데 쓰이는 말이기도 하다. 내가 아는 어떤 사람은 1년에 책을 한 권도 읽지 않는다고 한다. 전문직에 종사해서 경제적인 어려움은 없다. 하지만 이런 사람일수록 확증편향이 강하다. 이런 식으로 말이다.

"책 안 봐도 잘 살잖아. 괜찮네, 먹고살잖아."

지금은 전 세계 어디에 있는 정보든 쉽게 구할 수 있는 시대다. 인터넷, 책, SNS를 통해 손가락 몇 번 까딱하는 것만으로도 얻을 수 있다. 하지만 지혜는 구하기 어렵다. 현자의 지혜로운 말과 마음의 이야기는 지식과는 다른 차원이기 때문이다.

교육기관에서 배우는 교육은 평범한 생활을 영위해 나가기 위한 최소한의 정보를 알려주는 첫 단추에 불과하다. 하나의 국가가 오랜 세월에 걸쳐 만들어진 것처럼, 한 사람의 마음은 지나온 삶으로 만들어진다.

살다 보면 대단한 사람처럼 보이지 않는데 마음을 따뜻하게 만들어주는 사람, 마음이 깊어 무슨 이야기를 해도 품어줄 것 같은 사람을 만날 때가 있다. 그런 사람들에게는 깊은 마음과 지혜가 있다. 그들과 대화를 나누는 것만으로 마음이 풍요로워진다. 또 그런 대화는 여운이 남는다.

일본을 대표하는 지성인이자 괴짜 교수로 유명한 사이토 다카시 교수 역시 그의 저서 『독서는 절대 나를 배신하지 않는다』에서 올바른 대화를 위한 독서의 중요성을 강조한다. 예를 들면 이런 식이다.

학생들이 대화를 나누는 모습을 보고 있노라면 무척 재미있
는 장면이 연출된다. 겉으로 보면 어떤 주제를 놓고 아주 재
미있게 이야기를 나누고 있는 것 같은데 자세히 들어보면
서로 앞뒤가 맞지 않는 내용을 두고 옥신각신하며 이야기
를 나누고 있다. 혹은 분명히 같은 주제나 상황을 이야기하
고 있는데 끊임없이 "그러니까 지금 내가 한 말이 그 말이잖
아." 혹은 "아니, 그게 아니라 이거야." 하는 식의 대화가 이
어진다.

누구나 한 번쯤은 살면서 이런 상황을 만난다. 뭔가 대화가 제
대로 이어지지 않고 감정만 상하는 식의 싸움으로 끝나거나 좋은
취지로 시작한 대화가 서로에게 불쾌감만 안겨주는 상황으로 치
닫는 경우다. 아마도 아래 두세 가지 문제점 때문일 거다.

- 상대의 말을 오해했을 경우
- 내가 옳다고 생각하는 경우
- 상대의 말을 끝까지 들을 만한 마음의 깊이가 없는 사람과
  대화하는 경우

이런 상황이 발생하는 이유는 간단하다. 듣지 않기 때문이다.

상대가 하는 말의 의미와 다른 생뚱맞은 대꾸를 하고 매사에 꼬투리를 잡고 이기려고 드는 사람과 대화하는 것만큼 힘든 일도 없다. 너보다 내가 아는 것이 많고, 네가 미처 가지지 못한 더 훌륭한 가치 있는 조언을 해줄 수 있다는 자신감에 사로잡힌 사람과의 대화 말이다. 질문은커녕 어거지로 가르치려고 드는 사람에게 마음의 문을 활짝 열고 경청하려는 사람은 없다. 반대로 적절한 질문은 상대를 내 편으로 끌어당기는 힘이 있다. 질문을 한다는 일 자체가 '당신에게 배우고 싶다' '당신의 이야기에 관심을 갖고 있다'라는 의미이기 때문이다. 상대의 마음을 여는 데 질문만한 도구가 없다.

사형선고를 받고 죽음을 눈앞에 둔 소크라테스는 친구 크리톤과 대화를 나누며 어떤 삶을 사는 게 훌륭한 삶인지를 이야기한다. 대화의 탁월함 때문에 그 대화는 그대로 책이 되었고 고전의 반열에 올랐다. 『소크라테스의 변명』에서 소크라테스는 "우리가 가장 관심을 기울여야 할 것은 지혜로운 사람들이다. 지혜로운 사람의 견해는 유익하지만 어리석은 자들의 견해는 해롭기 때문이다."라고 이야기한다. 소크라테스와 크리톤의 대화는 지금 이 시대에 꼭 필요한 소통을 보여주고 있다.

▤ 지혜는 경청에서부터 시작된다

완독하는 데 1시간도 채 걸리지 않는『노인과 바다』를 완성하기 위해 어니스트 헤밍웨이는 무려 400번의 퇴고를 했다. 글쓰기보다 어려운 게 퇴고다. 문장의 섬세한 배열, 쉽고 따뜻한 단어를 찾아 쓰기 위한 과정이다. 답도 없다. 더 이상 군더더기를 찾을 수 없을 때까지 반복해야 한다.

술술 읽히는 한 권의 책을 쓰기 위해 작가는 많은 자료를 찾고, 쓰고, 고친다. 대부분의 책은 그렇게 만들어진다. 자신의 부족함을 깨닫는 마음의 지혜가 없다면 결코 400번의 퇴고를 거칠 수도, 그런 작품도 쓸 수도 없다.

그런 책을 곁에 두고 즐기는 사람은 성장한다. 독서의 폭이 넓어지면서 다양한 분야를 경험한다. 관심 있는 분야에 머무르지 않고 분야를 옮겨가며 책을 읽는데 오직 본인의 지적인 성장을 위해 관심사를 계속해서 넓혀가는 것이다.

나 역시 독서 노트에 사야 할 책 리스트를 함께 정리해둔다. 지금 열어보니 보에티우스의『철학의 위안』, 장 폴 사르트르의『존재와 무』, 새뮤얼 스마일스의『자조론』, 제러미 러프킨의『3차 산업혁명』, 유발 하라리의『사피엔스』『호모데우스』, 토크빌의『미국의 민주주의』, 프리드리히 실러의『미적 교육론』, 발자크의

『인간희극』, 피터 드러커의『나의 이력서』, 버트런드 러셀의.『서양 철학사』, 로맹 롤랑의『장 크리스토프』등의 책이 적혀 있다.

이 책들은 앞서 읽은 책의 저자가 소개한 것들이다. 몰랐던 분야를 공부하면서 얻는 지적인 쾌감은 말로 표현할 수 없을 정도다. 더 알고 싶다는 욕구와 지적 쾌감이 늘어날수록 나에 대한 주관적 판단에도 깨달음이 있었다. 아직도 이렇게나 읽을 책이 많고 내 안에 채울 곳이 많음을 확인하게 되니 말이다.

다양한 방면으로 탁월한 성과를 낸 사람들을 다룬 책을 읽어보면 그들은 공통적으로 끊임없이 배우는 것을 좋아했다. 자신의 부족함을 알고 끊임없이 배울 마음이 있는 사람은 결과적으로 탁월한 성과 이상의 것을 세상에서 얻어간다. 중요한 것은 이런 마음의 단계에 속한 사람들은 무척 빠른 속도로 성장한다는 사실이다.

가치 있는 일은 시간이 오래 걸린다. 의미 없는 일이 가치 있는 일보다 삶에 더 많은 경제적 여유를 가져다줄 때도 있다. 그러나 나의 부족함이나 지혜를 깨닫기는 어렵다. 별 의미 없이 읽던 책에서도 뒤통수를 후려치는 좋은 문장이나 조언을 얻기도 하고, 누군가 툭 던지는 한마디가 인생에 큰 영향력을 미치는 경우도 있다. 하지만 그보다 더 좋은 것은 의미를 가져다줄 수 있는 지혜를 찾는 과정이다.

<서울대학교 지원자 연도별 독서목록 >

순위	2014학년도	2015학년도	2016학년도	2017학년도	2018학년도
1	왜 세계의 절반은 굶주리는가	왜 세계의 절반은 굶주리는가	왜 세계의 절반은 굶주리는가	미움받을 용기	미움받을 용기
2	아프니까 청춘이다	이기적 유전자	이기적 유전자	왜 세계의 절반은 굶주리는가	왜 세계의 절반은 굶주리는가
3	이기적 유전자	정의란 무엇인가	정의란 무엇인가	이기적 유전자	이기적 유전자
4	정의란 무엇인가	연금술사	데미안	정의란 무엇인가	정의란 무엇인가
5	연금술사	아프니까 청춘이다	엔트로피	엔트로피	멋진 신세계

전국의 내로라하는 수재들이 모인 서울대학교. 한국을 대표하는 젊은 지성들이 2014년 가장 많이 읽은 책 2위는 『아프니까 청춘이다』이고, 2017년과 2018년의 가장 많이 읽은 도서 1위는 『미움받을 용기』다. 독서는 개인의 취향 문제다. 본인이 원하는 책을 당시 베스트셀러 중 선택한 것일 수도 있다. 하지만 마음을 다스릴 수 있는 지혜를 찾고 싶다는 마음은 있지 않았을까.

21세기를 정의하는 작가로 평가받는 말콤 글래드웰은 그의 저서 『다윗과 골리앗』에서 "우수하다고 인정받는 엘리트 집단에 속한 사람들이 느끼는 박탈감은 그렇지 않은 집단에 속했을 때 느끼는 박탈감보다 훨씬 더 크다."라고 말했다. 흥미진진한 배움의 과정, 공부에 대한 열정으로 세계 최고 수준의 대학에 입학한 사람들은 자신에 대한 믿음이 무척이나 강하다. 지는 것을 싫어하며 자존심과 자만심이 뒤섞인 묘한 감정을 갖고 평생을 사는 사람이 많다. 그래서 자신보다 뛰어난 사람과 비교해 느끼는 상대적 박탈감이 훨씬 더 크다.

수준 높은 지적 탐구를 향한 갈망을 토대로 형성된 탁월한 감각과 열정으로 똘똘 뭉친 사람들은 그에 걸맞는 선택을 하기 마련이다. 대학이든, 직장이든, 어디에서든 우수하길 원한다. 실제로 그런 인생을 살기도 한다. 하지만 현실이 이상을 뒷받침해주지 못할 때 느껴지는 상대적 박탈감은 그들에게 엄청난 절망감을 안겨준다. 결과적으로 무척 위험한 상황으로까지 치닫게 만든다.

상위 1%를 지향하는 학부모들이 모인 커뮤니티가 있다. 자신의 아이들이 좋은 대학에 진학하길 원한다. 그래서 아들과 딸의 성공을 기원하는 부모님들은 조금 더 빠른 선행교육을 원한다. 그리고 그런 사람들에게 '큰 물고기-작은 연못 이론'을 개척한 심리학자 허버트 마시(Herbert Marsh)는 "자아 관념에 미치는 긍정적 효과를 보기 위해 엘리트 학교에 입학시킨 경우라면 번지수를 잘못 짚은 것이다."라고 이야기한다.

세상은 지혜로운 사람을 찾는다. 그리고 그런 사람들은 모두 한계를 뛰어넘는 부담을 즐기는 사람들이었다. 좋은 대학은 좋다. 수준 높은 교육기관도 좋다. 좋은 직장은 더할 나위 없이 좋다. 하지만 강한 마음은 그보다 훨씬 더 중요하다. 한계를 뛰어넘는 삶을 사는 사람들의 마음은 무척 강하고 지혜롭기 때문이다.

세상은 지식으로 무장한 사람보다 지혜로 가득한 사람을 찾는다. 지혜로운 인간은 만들어진다. 지혜 그 자체가 완성된 인간을 만든다. 지혜는 마음을 다스리는 초성장 독서에서 얻을 수 있다. 자신의 부족함을 깨달을 기회가 거기에 있다. 초성장 독서가 필요한 이유다.

04
누구에게 초성장 독서가 필요할까

『논어』의 「술이」 편에는 이런 구절이 나온다.

지식을 탐구하는 기쁨에 배고픔을 잊고

지식을 얻는 기쁨에 근심을 잊어

늙는 것조차 깨닫지 못한 자

공부가 너무 재미있고 즐거워서 배고픔과 근심도 잊고 늙는
것도 깨닫지 못한 자, 이는 공자가 스스로를 두고 한 말이다.

▤ 내 마음이 이끄는 공부

학창시절의 나는 공부와 거리가 멀었다. 왜 공부를 해야 하는지, 어떻게 공부해야 하는지도 모른 채 학창시절을 보냈다. 당연히 공부의 즐거움도 몰랐고 왜 책을 읽어야 하는지도 몰랐다.

그러던 내가 달라졌다. 항상 책을 들고 다니고, 틈만 나면 책을 읽고 공부를 한다. 어느 때부터 문득 공부가 재미있게 느껴졌기 때문이다.

지적인 능력이 극대화되어가는 과정, 새로운 정보를 얻는 배움의 과정은 다른 취미생활에서 얻을 수 없는 즐거움과 쾌감이 있다. 물론 모든 사람이 그 즐거움을 발견하는 건 아니다. 자신의 부족함을 인정하고 열린 자세로 배우기를 좋아하는 사람만이 얻을 수 있는 즐거움이다.

누가 시켜서 억지로 하는 공부라면 의미가 없다. 스스로 독서와 공부의 즐거움을 깨달아야 한다. 나와 비슷한 생각을 가지고 역사를 써 내려간 인물들의 기록에는 공부의 즐거움을 이야기하는 내용이 많다. 다음은 중국 송나라 주자(朱子)가 주장한 독서삼도(讀書三到)다.

나는 일찍이 독서에 삼도라는 것이 있다고 했다.

이른바 마음이 가는 '심도(心到)', 눈이 가는 '안도(眼到)',

입이 가는 '구도(口到)'가 그것이다.

이 삼도 중에서도 심도가 가장 중요하다.

마음이 갔는데 눈과 입이 어찌 가지 않겠는가?

공부가 재미있게 느껴진 때는 아프리카에서 보낸 스물다섯 해부터다. 그 우연한 기회가 내게는 인생을 다양하게 성장하도록 만들어주었던 셈이다. 그때 나는 한국에서 만나볼 수 없는 다양한 경험을 했다.

아프리카는 한국과 달리 다양한 부족과 국가가 맞물려 있는 지역이다 보니 대부분 2~3개국 언어를 사용할 줄 알았다. 어느 날은 8개 국어를 자유자재로 사용하는 학생을 만난 적도 있다. 그런 대단한 능력을 가진 사람들이 말 그대로 '판잣집'에서 하루하루 연명하는 모습은 내가 살아온 삶을 되돌아보게 했다. 주어진 일상을 감사한 마음으로 사는 것이 얼마나 중요한지 배울 수 있던 시간이었다.

나는 경북 안동에서 태어나 학창시절을 보냈고 안동에서 대학을 졸업했다. 내가 만나고 겪은 세계는 결코 크지 않았다. 나는 마음만 거만할 뿐 실은 세상에 대해 아무것도 모르는 청년이었다.

넓은 세상에서 다양한 경험을 하고 나서야 수준 높은 교육을 받은 사람이 생각 외로 많다는 사실에 주눅이 들었다. 우물 안 개구리였음을 깨달은 뒤로 공부에 흥미가 생겼다. 그때부터 책을 손에서 놓지 않게 되었다.

📖 인생의 목적이 있는가

다음은 연암 박지원이 쓴 『연암집』에 나오는 말이다.

> 선비가 하루라도 책을 읽지 않으면 얼굴이 곱지 못하고 말이 곱지 못하다. 어린아이가 책을 읽으면 요망스러워지지 않고, 노인이 책을 읽으면 [정신적으로] 쇠약해지지 않는다. 천하의 사람으로 하여금 편안히 앉아 책을 읽게 하면 천하에 일이 없으리라.

'요망스럽다'는 말의 사전적 의미는 '언행이 방정맞고 경솔하다'이다. 생각이 주밀하지 못해서 함부로 행동하고, 상대방의 마음을 생각하지 않고 말하는 사람을 가리켜 요망스럽다고 표현한다. 단지 어린아이에게만 해당되는 말은 아닐 것이다. 서른이 넘고 마흔이 넘어도 요망스러운 사람은 많다. 요망스러운 사람은 자신만이 옳다고 주장하다 화를 일으키기도 한다. 다른 아이가 먹던 과자를 빼앗아 울리는 아이의 고집은 몇몇 어른의 마음속에도 깊이 박혀 있다.

꾸준한 독서는 요망스러운 사람이 되지 않도록 도와준다. 나는 스스로에게 '요망한 나'를 발견하고 나서 책 읽기에 더 집중했다. 독서는 나를 성장시키는 데 큰 도움을 주었다. 겸손하지 않았던 나 자신을 발견할 수 있었다. 누군가 내게 인생의 목적이 무엇이냐고 묻는다면 독서와 공부를 통한 변화라고 답할 정도로 독서와 공부는 내 성장의 밑거름이다.

책은 작가가 지르밟고 간 흔적들을 한데 모은 것이라 할 수 있다. 작가가 걸어온 발자취에는 수많은 피와 땀이 묻어 있다. 그래서 모든 책에는 길이 있다고 하지 않는가. '책은 인간이 만들지만 책은 인간을 만든다'라는 말이 괜히 나온 게 아니다. 다만 지금 우리는 책이 필요 이상으로 많이 출판되는 세상에 살고 있다. 물론 모든 책은 가치가 있지만 그 정도는 저마다 다르다. 좋은 책이 존재하는 반면 나쁜 책도 존재한다.

지금보다 성장하기 위함이 독서의 목적이라면 올바른 책을 골라낼 수 있는 눈이 필요하다. 꾸준한 독서가 이루어지면 저절로 책을 고르는 눈이 생기겠지만, 아직 미흡하다면 우선 고전을 읽으면 좋다. 고전은 세상과 인생의 진리에 가까운 이야기를 담고 있다. 고전을 읽으며 책에 담긴 깊이를 음미하여 내공을 쌓자. 책을 보는 안목뿐 아니라 나 자신의 내면도 성장할 것이다.

05
리더의 격은 아무에게나 주어지지 않는다

각국 화폐에는 그 나라의 역사를 바꾼 인물이 그려져 있다. 나라를 바꾸고, 역사를 바꾸었으니 존경받아 마땅하다. 그들의 공통점은 감정 조율에 능하고 자기관리가 뛰어나며 자신의 부족함도 안다는 것이다.

일본에서 가장 열정적인 경영자로 꼽히는 일본전산의 나가모리 시게노부 회장은 기업 재생의 신으로 불린다. 2012년 기준 84억 달러(9조 4,300억 원)였던 기업 가치를 5년 만에 418억 달러(46조 9200억 원, 2017년 기준)로 끌어올렸다. 무엇보다 놀라운 점은 일본 국내외 60여 개 회사를 인수합병한 이후 모든 경영을 정상화했다는 거다.

　나는 수년 전 기업 M&A 컨설팅 그룹에서 경영기획과장으로 근무한 적이 있다. 유능한 경영진으로의 교체, 기업 효율성 제고 등의 장점 때문에 해외시장에서는 M&A가 활성화되어 있다. 하지만 국내 시장은 그렇지 않았다. 우선 기업가치평가의 기준이 모호하다. 서류상으로 봤을 땐 충분히 M&A의 가능성이 있다 해도 어디까지나 컨설팅기업과 회계사들이 이야기하는 '가능성'에 불과했다. 어떤 게 이득이고 결손인지조차 분간하기 어려울 정도로 복잡하고 까다로운 일이 M&A다.

　13만 명의 종업원을 거느리며 50조 원에 육박한 기업 가치를 가진 일본전산이지만 대기업이 아닌 230곳의 자회사를 가진 중소기업 연합체로 분류된다. 그는 어떻게 성공률 100% M&A 신화를 써냈을까?

　일본전산은 단계별 사업전략이 명확해서 인수 목적도 정확했다. 미리 대상기업을 선택한 뒤 지속적으로 관리했다. 무엇보다 기술력을 기반으로 성장궤도를 그리던 기업이 경영상의 문제로 무너지는 것을 확인하면서 경영진과 조직원의 마인드 개선을 중심으로 진행했다. 최종적으로 '인위적 구조조정은 없다'는 사실을 못 박으며 패배주의를 빌미로 대거 이탈될 수 있는 조직원들의 마음을 되돌려놓는 데 성공했다.

일본전산 같은 기업뿐만 아니라 성공 궤도를 달리는 기업에는 공통적으로 리더의 자질이 탁월하다는 공통점이 있다. 쾌활한 기분과 울적한 기분이 수시로 교대해 감정의 기복이 극심한 사람에 대해 '조울증이 있다'고 말한다. 예민하고 감수성이 풍부한 사람일 수 있어 그게 꼭 나쁜 것만은 아니다. 다만 리더가 그렇다면 문제다. 감정의 기복을 처리하지 못하는 사람이 이끄는 그룹은 굉장히 위험하다.

보통 리더의 자질이라고 하면 창의력, 가치관, 신념 등을 떠올린다. 하지만 그보다 중요한 게 있는데 바로 마음의 깊이다. 리더의 명함에는 경영전문가, CEO, 임원, 대표 등 직함이 새겨져 있다. 하지만 직함과 마음의 깊이는 비례하지 않는다.

꾸준히 운동을 해온 사람은 운동을 하지 않은 사람에 비해 근육과 민첩함이 발달해 있다. 책을 읽고 사유하여 얻은 결과물을 끊임없이 머리 밖으로 배출해낸 사람이 그렇지 않은 사람보다 마음의 깊이가 깊은 건 당연하다.

한 번도 마라톤을 뛰어보지 않은 사람이 42.195km에 달하는 풀코스 마라톤을 완주할 수 있을까? 마라톤은 육체적 한계라는 함정을 갖고 있는 운동이다. 뛰다가 죽을 수도 있다. 그래서 반드시 꾸준한 연습과 페이스를 조절한 훈련이 뒷받침되어야 한다. 독서도 마찬가지다. 평소에 책을 즐기지 않는 사람이 "나도 이제 독서에 취미를 좀 가져볼까?" 하며 처음부터 『팡세』 같은 책을 읽는다면 곤란하다. 자칫 평생 책과 담을 쌓을 수도 있다. 독서에도 꾸준한 연습과 페이스 조절이 필요하다.

독서는 마음의 집을 짓는 것과 같다. 내게 맞는 책을 골라서 읽고, 재미를 느끼고, 감동을 얻고, 때때로 교훈을 얻는다. 그런 과정 속에서 마음의 집이 만들어진다. 마라톤이 수많은 사점을 넘어 결승지점에 도달하듯이, 독서도 마음의 집이 완성되는 과정이다. 식음을 전폐하며 72시간 밤을 지새워가며 독서하지 않는 이상 책을 읽다 죽을 일은 없다. 마라톤처럼 육체적 제약이 없으니 체력이 허용하는 한 꾸준히 읽으면 된다.

하늘에서 내려온 문필가도 1만 시간의 법칙을 따르는 법이다. 말콤 글래드웰에 의해 널리 알려진 법칙이긴 하지만 어떤 면에서는 자연의 법칙과도 같다. 독서를 습관화하기 위해서는 생활 속 작은 시간도 사유와 기록의 시간으로 채울 필요가 있다.

문재(文才, Literary talent)가 문제라는 말이 있다. 지적인 탁월함이 재능의 문제라는 의미인데, 나는 노력과 간절함 부족이 문제라고 생각한다. 꾸준한 독서를 하면 어느 순간, "나는 이러이러한 재능이 부족한 것뿐이다."라고 이야기할 수 있다. 타고난 재능이 사람마다 다르다는 결론 말이다.

한 가지 덧붙이자면 독서로 지적능력, 사고력을 높이려면 무척 오랜 시간이 걸린다. 책을 몇 권 읽는 것만으로 범접할 수 없는 탁월함이 생기진 않는다. 처음부터 대단한 책을 붙들고 읽기 위해 노력할 필요는 없다. 책에 대한 정확한 이해, 마음의 집을 짓기 위한 선명한 기준만 있다면 초성장 독서의 첫발을 내딛는 셈이다.

리더의 격은 시간이 만들어주지 않는다. 지혜를 토대로 한 경험이 만들어준다. 나를 채찍질하는 과정, 타인을 배려하는 과정, 쓰라린 상처와 아픔을 곱씹을 수 있는 과정을 통과한 사람에게만 지혜가 깃든다. 하나하나 쌓인 지혜가 마음의 깊이가 있는 리더를 만든다.

마음의 깊이가 있는 리더는 자신의 부족함을 인지해서 누구에게서든, 어디에서든 배울 자세를 취한다. 자신의 부족함을 깨닫지 못하는 사람보다 자신의 부족함을 깨닫고 자신을 돌아보며 배우려는 사람만이 성공적인 결과를 만든다.

〈3장〉

하루 1시간으로 완성되는
초성장 독서법

01

사소한 듯하지만
절대 사소하지 않은 독서 습관

『습관의 힘』을 쓴 하버드 MBA 출신의 〈뉴욕타임스〉 기자 찰스 두히그는 자신이 매일 오후 초콜릿칩 쿠키를 사 먹는다는 걸 발견한다. 그리고 '건강에 나쁜 걸 알면서도 왜 나는 초콜릿칩 쿠키를 사 먹는가?'를 고민하다 습관을 연구하기 시작했다.

그는 습관은 어느 순간 갑자기 생기는 독특한 현상이 아니라 '신호 → 반복행동 → 보상'의 3가지 루틴을 따른다고 설명하며 "인생의 40%가 자발적 의사결정이 아닌 습관에 의해서 결정된다."라고 했다.

일반적으로 한 가지 습관을 만들기 위해 투자해야 하는 시간은 평균 21일이라고 한다. 즉, 3주 가까이 쉬지 않고 행동을 지속했을 때 찾아오는 적절한 보상, 그 보상이 주어진 뒤에는 어느 정도 자연스러운 습관으로 형성된다는 말이다. 물론 말처럼 쉽지는 않다. 습관이 좋은 줄은 알지만 막상 습관화하는 데 투자해야 하는 시간과 육체적 피로, 정신적 스트레스를 이겨내는 게 여러모로 귀찮은 일이기 때문이다.

📖 독서 습관화 5가지 요령

그렇다면 독서는 어떻게 습관화할 수 있을까? 독서 습관이 몸에 배는 데 도움이 된 5가지 요령을 소개한다. 실제로 내가 수년간 지켜오며 효과를 확인한 요령이다. 책과 친하지 않은 사람이라도 21일만 유지하면 자연스레 독서 습관이 몸에 밸 것이다.

쉬운 책부터 읽기

우선은 빨리 읽을 수 있는 책부터 접하는 게 좋다. 처음부터 인문서나 고전을 읽을 필요는 없다. 일단 관심 가는 책부터 손에

쥐면 된다. 쉬운 책이라도 읽는 데 익숙해지면 그다음부터 다음 단계의 책을 읽으면 된다. 몸에 좋은 음식도 맛이 없으면 먹지 않듯 독서도 재미가 있어야 유지할 수 있다.

가벼운 책이라고 해서 시시하고 알맹이가 없는 글이란 뜻은 아니다. 잘 쓴 글은 읽기 쉽다. 어려운 책이 좋은 책이라고 할 만한 근거는 어디에도 없다. 책과 친하지 않은 사람이 그런 책을 쉽게 읽을 수도 없을뿐더러 그 속에 담긴 깊이를 발견하기도 어렵다. 간장으로 표현하자면 너무 짜거나 시큼해서 먹을 수 없는 것과 같다. 쉬운 책부터 가볍게 시작하자.

하루 10분 독서

블로그 딥 이그지스턴스(Deep Existence)를 운영하는 자기계발 전문가이자 미국의 파워블로거 스티븐 기즈는 그의 책 『작은 습관』에서 "매일 꾸준히 할 수 있는 작은 습관들에 주목하라."라고 말한다.

그는 누구나 할 수 있는 작은 습관, 예를 들어 매일 팔굽혀펴기 한 번, 매일 스쿼트 한 번, 매일 영어 단어 하나 외우기 등을 목표로 세웠는데 놀라울 정도로 성공적인 결과를 이루어냈다고 이야기한 바 있다. 하루 10분 독서를 습관화하면 자연스럽게 깊이 읽는 독서 방법도 습관화된다.

인나미 아쓰시가 『1만 권 독서법』에서 말한 "매일 아침 10분 독서를 실시하는 학교에 주목하라."와 일맥상통한다. 10분은 책을 읽기에는 짧은 시간이라서 오히려 '내일도 읽을 수 있겠다'라는 동기부여를 높일 수 있고, 매일 '10분'이기 때문에 쉽게 습관화할 수 있다.

'음식 맛은 장맛'이라는 말이 있다. 한국인 입맛에 맞는 요리를 만들기 위해 오랜 시간 숙성된 장이 필요하다. 예전에 아프리카 사람들에게 된장과 간장을 만드는 방법을 이야기해주었더니 무척 신기해했다. 어떻게 발효한 게 음식이 될 수 있느냐는 거다. 아프리카 사람들은 마당의 나무에서 바나나와 망고를 따 먹고, 코코넛을 따서 그 자리에서 시원한 코코넛 음료를 먹는다. 된장과 간장은 발효하는 데 시간이 걸린다. 그렇게 숙성된 장은 한국 요리의 핵심재료가 된다.

1,440분에 달하는 하루 중 10분은 무척이나 짧은 시간이다. 하지만 그 시간이 1년, 5년, 10년 동안 지속되면 엄청난 성과를 가져다준다. 오랜 시간 숙성시킨 장이 깊은 맛을 내는 것처럼 하루 10분 독서 습관은 오래 지속될수록 알게 모르게 내면이 깊어질 것이다.

1:1의 법칙

모든 책은 논리적인 단어의 조합이며 퇴고를 거듭하는 동안 읽기라는 단순한 행동만으로 누구나 쉽게 정보와 마음의 변화를 얻어갈 수 있도록 한다.

나는 대부분의 책을 1시간, 늦어도 3시간 안에 읽는다. 모든 내용을 기억하지는 않는다. 최소 3,000권에서 1만 권 이상의 독서를 해온 독서가들은 다독의 중요성을 이야기한다. 그들은 공통적으로 '모든 내용을 기억하는 것은 아니다'라고 말한다. 독서를 습관화하려면 빨리 읽을 수 있는 동시에 많은 정보를 얻을 수 있는 책을 자주 읽는 게 좋다는 것이다. 다독은 옥석을 가리는 데도 도움이 된다.

정보를 담은 책과 지혜를 담은 책을 구별할 필요는 있다. 하루에 책 두 권을 읽는다고 할 때 한 권은 1시간에 읽을 만한, 정보를 담은 책으로 고르고 나머지 한 권은 며칠 동안 읽을 만한 지혜를 담은 책으로 고른다.

항상 들고 다니기

책을 골랐다면 이제는 항상 들고 다니면서 책 읽을 시간을 확보하는 것이 중요하다. 출퇴근 지하철이든, 쉬는 시간이든, 화장실에서 양치질하는 시간이든, 미팅 중간에 잠시 휴식을 취하는 시간이든 잠시라도 틈이 생길 때마다 읽을 수 있도록 항상 손에 책을 들고 다닌다.

설령 하루 종일 들고 다니기만 하고 한 페이지도 못 봤더라도 상관없다. 중요한 건 늘 독서를 의식하는 것이다. 손에 책이 없는 순간 왠지 모를 어색함이 든다면 성공이다.

습관의 가동 범위 넓히기

1년에 1,000권, 3년에 5,000권과 같이 독서 목표를 정하면 좋다. 다만 중장기적으로 바라보되 습관의 가동 범위를 넓히기 위한 '쪼개기 작업'이 필요하다.

가령 1년 계획이라면 1년 과정을 6개월로, 6개월 과정을 3개월로, 3개월 과정을 1개월로, 1개월 과정을 일주일로, 일주일 과정을 하루 계획으로, 하루 과정을 다시 3등분으로 쪼개는 것이다. 작은 시간의 흐름까지 나누어 계산하면 비어 있는 틈새 시간을 찾아내 독서 시간을 확보할 수 있다.

『책 읽는 뇌』의 저자이며 아동발달학자인 매리언 울프(Maryanne Wolf)는 "독서가 가능하도록 스스로를 재배치하는 법을 이미 배운

뇌는 새로운 생각을 더 잘 받아들인다."라고 이야기한 바 있다. 독서가 습관화된 사람은 두뇌의 확장으로 인해 더 빠른 속도로 많은 정보를 재배치할 수 있는 능력이 만들어진다. 또한 기회를 잡을 수 있는 눈도 빨라진다.

▤ 독서 습관의 파급력

미디어 매체의 영향력이 아무리 높아진다고 해도 책은 그 어떤 미디어보다 깊게 신뢰를 쌓을 수 있는 멋진 도구다. 지적 능력의 측면에서 꾸준한 노력으로 독서를 습관화한 사람은 확실히 남다른 풍미가 느껴진다. 그런 사람은 쉽게 찾아내기 어려운데 독서를 통해 변화한 사람은 자신의 우수함을 드러내는 걸 과시하는 행위로 비춰질까 꺼리기 때문이다.

지적능력의 확장이나 스펙을 높이는 데 목적을 두기보다 마음의 확장에 염두를 두고 독서를 습관하면 대단히 많은 것을 얻을 수 있다. 이런 독서 습관으로 마음이 확장된 사람은 대화할 때 상대방의 의중을 파악하는 능력이 뛰어나다.

운동은 아무나 할 수 있지만 보디빌더는 아무나 될 수 없다. 열정과 노력, 스트레스를 감당할 인내가 필요하기 때문이다. 독서도 비슷하다. 누구나 할 수 있지만 꾸준히 지속할 수 있는 습관을 만들기 위한 인내가 필요하다. 견뎌낼 만한 힘이 있다면 누구나 꾸준한 독서 습관으로 말미암은 탁월함을 삶 속에서 만들어낼 수 있다.

02

노트+아메리카노+책 = 도서관

교육기관에서 교사로 근무하던 시절, 직장 근처에 하루가 멀다고 들락날락한 카페가 있다. 외부 강의가 있는 월요일과 수요일에는 항상 그 카페에 갔다. 흔한 프랜차이즈 카페로, 썩 맛있지도, 그렇다고 맛없지도 않은 카페였다. 그러나 그 카페에서 아메리카노값 2,000원을 결제하면서 나는 단 한 번도 비싸다거나 서비스에 걸맞지 않은 비용이라고 생각한 적이 없다.

내가 그 카페에 가는 이유는 딱 한 가지였다. 손님이 드문 매우 조용한 카페였기 때문이다. 그 카페보다 매장이 5배가량 넓고 같은 값에 아메리카노 양을 2배 더 제공하는 카페도 있었다. 하지만 그런 곳은 사람이 많은 만큼 시끄러웠고, 소음을 덮기 위해서인지 매장 내 음악 소리가 컸다.

📖 나만의 아지트 그리고 독서

커피를 마시며 이야기를 나누는 장소로는 좋을지 모르지만, 나는 조용히 생각하고 책을 읽으며 혼자만의 시간을 음미하고 싶었다. 나만의 아지트로서는(카페 주인에게는 미안하지만) '손님이 그다지 많지 않고 조용한 분위기의 단골 카페'가 더 적합했다.

내가 그 카페를 자주 찾은 이유가 하나 더 있다. 카페 매장은 10평이 채 되지 않았는데 안쪽 구석 자리는 입구 쪽이나 홀 쪽에서 전혀 보이지 않았다. 카페에 처음 오는 사람들은 안쪽에 자리가 있는지도 몰랐다. 나는 마치 지정석마냥 꼭 그 자리에 앉았다. 주문한 아메리카노 한 잔을 들고 와 안쪽 구석진 테이블에 앉아 조용히 혼자만의 시간을 보냈다.

나는 개인 문서 관리용으로 에버노트(Evernote) 애플리케이션을 사용하고 있다. 카페 구석 자리에서 내리 2시간 동안 2~3권의 책을 읽고 1시간 동안 에버노트에 주요 내용을 정리한다. 무료로 사용하다 얼마 전부터 유료로 업그레이드해서 사용하고 있다.

아이패드와 책 한 권을 들고 카페 구석에 앉아 사색하고 책을 읽고 글을 썼다. 그 시간이 너무 행복해서 평생 그곳에서 책 읽고 글 쓰라고 해도 할 수 있을 것 같았다. 때때로 책을 즐기는 사람들과 카페에서 만나 담소를 나누기도 했다. 교사 일을 하며 틈틈이 글을 쓰던 내게 그 카페는 '개인 사무실'이었던 셈이다.

매주 월요일과 수요일에 방문할 때마다 2권씩 읽기를 1년간 했으니 카페에서만 약 200권의 책을 읽은 셈이다. 물론 독서에서 중요한 목적은 독서를 통해 얻는 알맹이지 읽은 권수가 아니다. 하지만 책을 읽고 사색하는 시간을 가지고 난 이후 분명 이전보다 조금 더 마음의 그릇이 단단해졌다.

이전에는 한 달에 50권 정도의 책을 읽었다. 지금은 바빠서 그렇게까지 읽지는 못하지만 일주일에 2, 3권의 책을 읽으려 노력한다. 꾸준히 책을 읽은 이후로 부정적인 생각에 머무는 일이 없다. 그리고 어느 순간부터 서점에 꽂혀 있는 수많은 책 중에서 탁월한 책을 골라낼 수 있게 됐다.

▤ 깊이 사색하는 시간

독서야말로 빠른 성장으로 이끄는 가장 간단한 도구라는 말에 모든 사람이 동조하지는 않을 것이다. "책 읽을 시간이 어디 있어요. 회사 마치고 야근이라도 하면 밤 8시, 9시는 기본인데…. 주말에는 저도 좀 쉬어야죠. 교사는 책 읽을 시간이 많아서 좋으시겠어요." 같은 반응도 있으리라.

당시 나의 출근 시간은 오전 10시였고 월요일과 수요일을 제외하고 퇴근 시간은 밤 11시였다. 책 읽을 시간이 많은 직업도 아니란 얘기다. 그럼에도 나는 틈틈이 책을 읽었고 일주일에 몇 시간이라도 혼자만의 시간을 가지며 마음을 정돈했다. 마음을 차분하게 가라앉히는 일은 종교인뿐 아니라 누구에게나 필요한 일이다.

나는 풀리지 않는 문제가 있으면 조용한 공간에서 깊이 생각한다. 사색함으로써 조용히 나를 돌아볼 수 있다. 책을 읽고 그것으로 끝나는 게 아니라 사색까지 이어져야 한다. 내가 책을 읽고 사색하는 장소는 카페 구석진 자리와 개인 서재다.

"돈 많은 사람보다 내면적 사색에 충실한 사람이 훨씬 더 행복하다."라고 이야기한 렐프 왈도 에머슨(Ralph waldo emerson)의 말처럼 독서를 통해 사색의 참된 의미를 발견한 사람들은 대부분 마음이 깊고 수려하다. 업무에도 능숙하며 사람을 다루는 기술도 뛰어나다. 다양한 생각법을 터득했기 때문이리라. 기본적으로 평소 읽는 책의 종류가 다양하기 때문에 독서를 즐기지 않는 사람들보다 생각의 수준, 어휘력, 마음의 깊이가 다르다. 또 더 많은 정보와 활용 능력을 가졌기에 어떤 분야에 종사하든 성공에 도달하는 속도도 빠르다.

더 이상 책 읽을 시간이 없다며 '독서하지 않는 나 자신'을 합리화하지 말자. 지금부터라도 나만의 '독서 아지트'를 마련해 독서와 사색을 해보자.

03
책을 탐독할 장소

독서를 단순히 취미생활이라고 말하기에는 뭔가 부족한 것 같다. 독서는 재미뿐 아니라 지혜를 얻을 수도 있기 때문이다. 그런데 나이가 들수록 독서에 집중할 수 있는 환경이 아닌 경우가 많다. 율곡 이이는 『격몽요결』에서 책을 읽지 않는 이유에 대해 다음과 같이 말한 바 있다.

첫째, 그 심지를 게을리하며 그 몸가짐을 방일하게 하며 다만 놀고 편안함을 생각하고 심히 탐구를 게을리하기 때문이다. 둘째, 항상 움직일 생각만 하고 능히 안정치 못하여 분주히 출입하고 이야기로 날을 보내기 때문이다. 셋째, 같은 것을 좋아하고 다른 것을 미워하며 유속(流俗)에 빠져서 조금 다르게 하려다가도 남에게 들킬까 겁을 내기 때문이다. 넷째, 문장으로 남에게 칭찬받기를 좋아하며 옛글을 떼어다가 부화한 문체나 꾸미려고 하기 때문이다. 다섯째, 교묘한 글씨체나 구사하고 거문고나 음주를 일삼아 세월을 허송하기 때문이다. 여섯째, 일 없는 사람과 함께 바둑을 두거나 도박하기를 좋아하며 종일토록 다투기만 일삼기 때문이다. 일곱째, 부귀를 부러워하며 빈천한 것을 싫어하여 좋지 않은 옷과 음식을 심히 배척하기 때문이다. 여덟째, 좋아하는 일이나 물건에 절도가 없어 끊고 억제하지 못하여 물질적 이득을 추구하고 향락과 성에 빠지기 때문이다.

—「격몽요결」 율곡 이이

▤ 노출의 힘

언어를 배우든, 단어를 외우든, 시험공부를 하든 반복적인 노출은 빠른 성장을 가져온다. 일주일에 한 번 5시간 영어를 공부하는 사람보다 매일 외국인과 30분씩 대화하고 영어책을 들고 다니며 틈틈이 보는 사람이 영어를 더 잘하는 건 당연하다.

　나는 어디를 가든지 항상 가방 안에 책 한두 권을 넣어 간다. '자투리 시간에 책을 읽어야지' 하고 마음먹으면 의외로 책 읽을 시간이 많음을 알게 될 것이다. 가벼운 자기계발서나 에세이라도 읽기 시작하는 순간부터 새로운 정보가 마음에 입력된다. 책을 읽으면 생각의 구조가 달라진다. 여가시간에 소파에 누워 멍하니 TV를 보는 것과 가벼운 책을 읽는 것은 큰 차이를 가져온다. 항상 책을 가까이 두고 꾸준히 읽음으로써 깊이 있는 사람으로 성장할 수 있다.

　앞에서 '나만의 독서 아지트'를 만들라고 권했지만 꼭 그 장소에서 읽을 필요는 없다. 따뜻한 햇볕이 내리쬐는 분위기 좋은 카페가 아니더라도, 산들바람이 불어오는 아름다운 공원 벤치가 아니더라도 책 읽기와 사색이 가능하다. 그럼 이제 책 읽는 장소에 대해 이야기해보자.

화장실

　부모님은 화장실에 책을 몇 권씩 놔두셨다. 가볍게 읽을 잡지부터 대학 교수의 에세이까지 종류는 다양했다. 어렸을 때 화장실에서 책 읽던 습관이 자연스레 지금까지 이어졌다. 화장실을 해우

소(解憂所)라고도 하는데, 근심을 해소하는 곳이라는 뜻이다. 생각해보면 화장실에는 보통 오롯이 혼자만 있을 수밖에 없으니 얼마나 사색하기 좋은 시간인가 싶다. 화장실에 책을 두는 사람은 비단 나뿐이 아니다. 성공한 사람들이 쓴 책을 읽어보면 화장실에서 사색하는 사람이 생각보다 많았다.

서재

서재만큼은 반드시 있어야 한다는 게 내 생각이었다. 아내와 상의해 신혼집부터 사방 벽면에 책장을 두고 개인 서재로 꾸몄다. 그곳은 책을 읽는 독서실, 글을 쓰는 작업실, 기도하는 기도실이다. 복잡하고 시끄러운 세상에서 벗어나 내면을 성장시키고 가다듬는 공간이다.

누군가의 집에 초대를 받아 방문했을 때 나는 실례가 되지 않는 선에서 책장이 있는, 그 집의 서재 공간을 유심히 살펴본다. 서재는 내면의 품격을 가다듬는 목공소다. 거칠고 예민한 나뭇결이 거친 사포로 다듬어 매끄러운 가구용 나무판을 만들듯, 집중해 책을 읽으며 정신을 가다듬고 정화한다.

서재로 쓸 여유 방이 없다면 거실 한쪽 벽을 차지하는 TV를 과감히 치워버리고 서재를 만들면 어떨까. 안방 한쪽 벽면에 책장을 두어도 좋다. 내 손이 닿는 곳에 즐겨 읽는 책이 꽂혀 있으면 그곳이 서재다.

책상

칠순이 넘은 할머니가 주신 결혼 축의금 200만 원으로 책장과 책상을 샀다. 그때 산 책상에서 사업을 구상해 무역회사를 창업했고, 책을 써서 작가가 되었다. 어른도 자기만의 책상이 필요하다. 꼭 번듯한 책상일 필요는 없다. 화장대, 식탁, 거실 테이블 등 책을 놓고 읽을 수 있는 공간이면 책상이 아닐까.

침대

잠들기 전 하는 행동은 무엇인가? 보통 스마트폰을 들여다보다 잠들 것이다. 잠들기 전 독서 습관은 아이뿐 아니라 어른에게도 권할 만하다. 잠들기 전에 독서를 하면 스트레스로 긴장되어 있던 마음과 정신이 이완되면서 쉽게 숙면을 취할 수 있다. 머리맡에 독서등을 준비하면 좋고 여의치 않으면 휴대용 독서등을 구입해 잠들기 전에 책을 읽어보자.

📖 책과 함께하는 일상

큰맘먹고 좋은 가방을 하나 샀다. 그 가방 안에는 늘 책이 3권 이상 들어 있다. 독서 습관은 생각을 바꾸고, 생각은 마음을 바꿔 새로운 일에 도전할 수 있게 한다. 맞닥뜨리는 모든 일에 긍정적이 된다. 지금 가방을 열어보니 책만 6권이 있다. 신앙 서적 2권, 칼 세이건의 『코스모스』, 에이미 추아의 『제국의 미래』, 앤절라 더크워스의 『그릿』, 『성문종합영어』.

> 저희가 내 풍성을 들은 즉시로 내게 순복함이여 이방인들이 내게 복종하리로다.
>
> ―『성경』 시편 18:44

성경에서 이야기하는 풍성함은 내면의 풍성함을 의미한다. 누구나 마음이 풍성한 사람에게 마음을 열고 그 사람의 마음을 배우려 한다. 독서는 '지금보다 더 나은 나'를 만들어준다. 그렇게 성장하는 나를 사람들은 신뢰한다.

아내가 첫 아이를 가졌을 때 침대에서 뱃속의 아이에게 『성경』을 읽어주었다. 자라나는 생명의 마음을 따뜻하고 편안하게 만들어주는 데 『성경』만한 책이 없다고 믿었기 때문이다. 아이의 건강에 어느 정도로 영향을 미쳤는지는 알 수 없지만 확실한 건, 그런 믿음으로 내 마음은 더 풍성해졌다는 거다.

04
좋은 책을 고르는 법

교육기관에서 근무할 때의 일이다. 중학교 2학년 학생이 한 명 있었다. 착하고 성실한데 학교 성적이 좋지 않아 부모님은 걱정이 많으셨다. 나는 그 아이에게 몇 가지 조언을 해주었는데, 가장 많이 한 조언은 "매일 책을 들고 다녀라."였다.

▤ 마음을 움직이는 책

하루는 『파우스트』를 들고 와서 극찬을 해줬다. 어느새 꼴찌에 가깝던 아이의 국어성적은 95점으로 훌쩍 뛰었고, 40만 원짜리 과외를 받고도 50점 언저리에서 머물던 영어는 85점으로 올랐다.

물론 '양질의 책을 통한 사고력 향상'과 같은 뜬구름 잡는 방법만으로 성적이 오른 것은 아니다. 교과서를 반복해 20번 읽는다든지, 수학은 1문제당 10개의 다른 방법으로 문제를 풀어보라는 등 공부법도 알려주었다. 하지만 독서를 통한 변화 역시 무시할 수 없다. 50점 언저리를 왔다 갔다 하던 국어성적이 95점으로 훌쩍 뛰어오르고 난 뒤, 그 아이는 책을 들고 와서 이렇게 이야기했다.

"국어는 책만 보고 거의 공부 안 했어요."

누구나 책을 들고 다니면 성장하고 달라 보인다. 나의 긍정적인 이미지는 스스로 만들 수 있다. 책은 가장 좋은 이미지 메이킹 도구가 된다.

예를 들어 지금 당신 앞에 5명의 사람이 있다고 하자. 동일한 외모에 똑같은 복장을 갖춘 사람이 다음과 같은 조건이라면 당신은 누가 가장 지적으로 보이는가? 누구에게 먼저 마음을 열고 다가가겠는가?

- 담배를 피우는 사람
- 스마트폰을 보는 사람
- 태블릿 PC를 보는 사람

- 커피를 마시는 사람
- 책을 보는 사람

책은 일단 손에 들고만 있어도 사람을 달라 보이게 만든다. 이때 어떤 책을 손에 들고 있느냐가 중요하다. 문학소설이든, 자서전이든 모든 책에는 작가의 마음이 담겨 있다. 작가는 책에 마음의 미묘한 움직임을 표현할 수 있어야 한다. 이는 오직 작가의 몫이다. 그런 의미에서 독자의 마음을 움직이는 책이 좋은 책이다. 아무리 세계적인 인물이 쓴 책이라 해도 읽는 이의 마음이 움직이지 않는다면 의미가 없다.

▤ 좋은 책 고르는 5가지 요령

책을 많이 읽는 사람은 저마다 책을 고르는 기준이 있다. 책과 친하지 않은 사람은 어떤 책을 읽어야 할지 몰라 한다. 나 또한 나름의 기준이 생기기 전까지는 작가의 화려한 프로필이나 번드르르한 표지와 제목만 보고 샀다가 실망한 적이 한두 번이 아니었다. 내 독서 경력을 바탕으로 정리한 '좋은 책 고르는 법' 5가지를 소개한다.

내 수준에 맞는 책을 고른다

제임스 조이스의 『율리시즈』는 불세출의 역작이라고 불릴 만큼 위대한 작품이다. 그런데 글자를 겨우 깨우친 초등학생에게 『율리시즈』를 읽어준다고 효과가 있을까? 어휘력은 향상될지언정 마음이 깊어지는 효과는 기대하기 어려우리라. 아무리 좋은 책이라도 내 마음에 와닿지 않으면 의미가 없다. 쉬운 책부터 시작하라는 게 이 때문이다. 어느 정도 시간이 지나 책 읽기가 습관화되면 어려운 책도 자연스럽게 와닿는다. 진중한 독서는 그때부터 시작해도 늦지 않다.

표지와 제목만 보고 선택하지 않는다

나는 표지, 제목, 베스트셀러 목록으로 책을 고르지 않는다. 유명 기업 회장의 추천서가 쓰인 책도 마찬가지다. 출판사 입장에서 책은 일종의 상품이다. 독자의 눈에 띄도록, 베스트셀러가 되도록 노력을 기울인다. '책은 표지 장사'라는 말이 괜히 나온 게 아니다. 포장은 그럴싸한데 알맹이는 그렇지 않은 경우가 많았다. 작가 자신의 성장을 위해 쓴 책인지를 오랜 숙고를 거쳐서 쓴 책인지 구분하는 안목을 길러야 한다. 대립되는 가치와 적절한 비교 분석, 작가 자신의 의견, 다수의 독자에게 긍정적 반응을 얻을 수 있는 명확한 기준까지 기록된 책이야말로 오랜 시간 음미할 가치가 있다.

출간년도를 본다

나는 출간된 지 30년 미만의 책은 잘 고르지 않는다. 30년은 평균적으로 한 세대를 의미한다. 아들이 아버지가 되는 시간, 아버지가 할아버지가 되는 시간이 약 30년이다. 30년을 기준으로 꾸준히 팔리고 있다면 그만한 가치가 있는 책이다. 물론 예외는 존재한다. 어느 시대에나 천재는 존재하지 않은가? 제러미 러프킨이나 짐 콜린스 같은 사람들의 책은 출간년도와 상관없이 믿고 볼 만하다.

필력이 뛰어난 작가의 책을 고른다

조정래의 『태백산맥』, 이문열의 『삼국지』, 박경리의 『토지』, 빅토르 위고의 『레미제라블』 등은 같은 책이라도 어쩐지 묵직한 울림이 있다. 이런 작품들은 역사서에 가까울 정도로 시대를 반영하고 있다.

수년 전, 조정래 문학관을 방문한 적이 있다. 그곳에는 『태백

산맥』을 집필하기 전과 집필을 끝마치고 난 뒤의 사진과 함께 원고의 마지막 장 원고지와 펜이 전시되어 있었다. 장년의 세월과 작가의 영혼이 담겨 있었다.

필력이 뛰어난 작가들의 책은 마음을 움직일 뿐만 아니라 수준 높은 어휘력을 기를 수 있도록 도와준다. 국내 작가로는 박경리, 이문열, 김훈이 있다. 풍부한 어휘를 담고 있는 책을 읽으면 평소 구사하는 언어의 폭을 넓힐 수 있다.

도서관을 이용한다

도서관에서 빌려온 책은 빠르게 훑어보며 주요한 부분만 골라 내 마음에 담는 작업을 한다. 그러다 제법 괜찮은 책이다 싶으면 정독하면서 구매 여부를 결정한다. 도서관에서 10권 정도의 책을 빌리면 그중 1, 2권은 구매하고 싶은 책이 나온다. 그렇게 구매한 책은 밑줄을 그어가며 3회 이상 정독한다.

책은 모든 상품 중 가장 실패확률이 적은 상품이다. 좋은 책을 고르는 안목까지 키운다면 여러 의미에서 삶이 더 풍족해질 것이다. 책은 눈으로 읽는 게 아니라 오감(五感)으로 읽는다는 말이 있다. 눈으로 읽으면서 귀로도 듣고, 달콤하고 해묵은 종이의 냄새를 맡고, 책의 맛을 느끼고, 사각거리는 종이의 감촉으로 책에 담긴 온기를 느낀다. 나는 거기에 심안(心眼)을 더하고 싶다. 정말 좋은 책은 읽을 때마다 새로운 지혜가 생기고 마음을 풍요롭게 만들어주지 않을까 싶다. 마음으로 책을 대하는 지혜가 생긴다면 오감으로 대하는 것보다 훨씬 더 크고 값진 세계를 만날 수 있을 테니 말이다.

05

독서 3박자 :
지우기, 기록하기, 접어두기

역사를 초월한 학자 중에 다산 정약용을 빼놓을 수 없다. 18년
이라는 세월 동안 가족과 떨어져 귀양생활을 한 정약용은 피를 말
리는 인고의 시간 속에서『목민심서』와『경세유표』를 기록하며 대
학자로서의 입지를 굳건히 다질 수 있었다. 오랜 시간 앉아서 글
을 쓰는 동안 복사뼈가 모두 으스러지고 머리털이 모조리 빠지는
극심한 고난 속에서도 붓을 놓지 않았던 그는 탁월한 독서가이자
학자이면서, 아들을 끔찍이 사랑한 아버지였다.『유배지에서 보낸
편지』에서 그는 아들에게 "독서를 하는 도중 의미를 모르는 글자

를 만날 때마다 깊게 생각하고 세밀하게 연구하여 근본적인 의미를 이해하라."라고 이야기한다.

▨ 독서의 형태

독서는 새로운 세계를 만날 수 있는 기회다. 사랑하는 아이를 감싸듯 양손에 쥐고 차분한 마음으로 읽을 게 아니라 최대한 많은 것을 책에서 얻어내야 한다. 깨끗하게 볼 필요가 없다는 말이다.

처음에는 나 역시 책을 깨끗하게 보는 편이었다. 애물단지 모시듯 고이 모셔놓고 차분한 마음으로 한 글자 한 글자 읽어나가야 독서가 되는 줄 알았다. 그런데 독서 경험이 많아질수록 습관도 바뀌었다. 깨끗하게 책을 보는 것에서 밑줄을 긋고, 구석에 무언가를 적고, 아무 데나 접는 습관이 생겼다. 독서의 형태가 조금씩 바뀐 것이다.

책마다 다르겠지만 그저 소설책 읽듯이 읽어나가기만 하는 독서는 별 의미가 없다. 단지 읽는 것에서 벗어나 세밀하게 읽어야 하는 부분은 접어두고 생각을 기록해두자. 1차원적인 정보 습득에서 여러 방면으로 깊이 있게 생각하는 방법을 배울 수 있다.

📖 3박자로 읽는 『코스모스』

본질을 꿰뚫는 능력은 학교에서 배우는 지식이 아닌 탐구를 통해 얻을 수 있다. 세계적인 지성 칼 세이건은 그의 저서 『코스모스』에서 만유인력의 법칙을 발견한 아이작 뉴턴을 이야기한다. 나는 이 책에서 뉴턴의 천재적인 두뇌를 대번에 알 수 있게끔 압축한 표현을 몇 개 골라낼 수 있었다.

1. 인류 역사상 제일가는 과학의 천재
2. 흑사병이 돌던 1년 동안 미분과 적분을 발명
3. 관성의 법칙 발견
4. 변분법이라는 전혀 새로운 분야의 수학을 발명

미분과 적분이라면 고등학교 때 날 놀리던 그 배은망덕한 녀석 아닌가? 그런데 그 이해하기도 어려운 미분과 적분을 발명한 사람이 있다니. 나에게 터무니없이 복잡하게만 느껴지던 이 수학 공식은 아스라이 먼 어느 우주에서 우연히 발견된 것이 아니라 불세출의 천재가 만든 공식이다. 그런데 애초에 수학을 '발명'했다는 이야기를 들어본 적이 있는가?

고등교육을 받은 사람이라면 누구나 뉴턴의 뛰어난 두뇌 수준을 안다. 그런데 『코스모스』에 나온 표현은 뉴턴이 가히 상상할 수 없는 지성의 소유자임을 새삼 깨닫게 한다. 이런 불세출의 천재이며 뛰어난 두뇌의 소유자인 뉴턴을 두고 칼 세이건은 "늘 비현실적인 문제에 대해 고민하고 묵상하던 사람이었다."고 이야기한 바 있다. 우리가 마음을 들여서 독서를 해야 하는 이유가 바로 여기에 있다.

거대한 꿈을 가지고 인류 역사에 어떤 획기적인 점을 찍거나 선을 긋기 위해 독서를 하고 공부해야 하는 게 아니라 지속적인 내적성장을 이루기 위해 공부해야 한다. 내가 가지지 못한 지혜의 영역을 가진 존재를 통해 삶의 변화에 동참하기 위해서다. 그 변화로 향해 가는 도중에 책이 있는 것이기에 밑줄도 긋고, 좋은 구절은 마음에 담아두기도 하고, 기록도 해두는 것이다.

다음은 바칼로레아의 일부다.

- 철학이 세상을 바꿀 수 있는가?
- 지금의 나는 내 과거의 총합인가?
- 타인을 존경한다는 것은 일체의 열정을 배제한다는 것을 뜻하는가?
- 예술이 인간과 현실과의 관계를 변화시킬 수 있는가?
- 자유는 주어지는 것인가, 아니면 싸워서 획득해야 하는가?

뉴턴이 젊은 시절 고민하던 문제와 상당 부분 비슷하다. 이런 고민은 뉴턴에게만 주어진 숙명이라기보다 지혜로 가득한 사람이 이르는 사고의 도달점이 아닐까. 바칼로레아는 뒤에서 좀 더 자세히 다룰 예정이다.

나에게는 독서를 시작하면서 만들어진 좋은 습관이 하나 있다. 생각을 멈추지 않는다는 것이다. 학창시절 성적표에는 '산만하다'라는 말이 한 번도 빠진 적이 없다. 이 습관은 성인이 되어서도 버리지 못하고 10분도 가만히 앉아 있지 못했는데 독서를 시작하면서부터 바뀌었다. 밥을 먹으면서, 일을 하면서, 머릿속으로는 계속 생각한다.

- 경영의 주체는 누구인가?
- 영 리치(young rich)는 타고난 존재인가, 노력의 결실인가?
- 마음이 강한 사람은 위기에 봉착했을 때 어떻게 그 난관을 이겨내는가?
- 삶에서 많은 어려움을 이겨낸 사람들은 그렇지 않은 사람들과 비교했을 때 얼마나 더 탁월한 삶을 살아가는가?

세상의 수많은 성공한 사람들이 독서를 이야기하는 데는 그만한 이유가 있다. 내 인생을 위해 하는 독서에서 그치는 것이 아니

라 다른 사람들이 변화하는 데 작은 원동력이 되기 위해 독서하는
것이다.

06

SNS를 활용한 독서 습관화

독서는 언제나 옳다. 책을 꺼내 읽는 것만으로도 즐거움을 만끽할 수 있다. 단, 얼마나 효율적으로 독서를 하는지 확인하는 과정이 반드시 필요하다. 읽는 것으로 끝내면 남는 게 없다. 어떤 책을 읽어왔는지, 읽으면서 어떤 것이 남았는지 기록해두는 것만으로도 내 이름을 브랜딩할 기회가 생긴다.

▤ 독서를 시각화하라

효율적 독서를 위한 최적의 도구 5가지를 소개한다. 한 가지
만 유용하게 사용해도 두 배 이상의 독서 효과를 보게 될 것이라
확신한다.

해가 지지 않는 도구, 블로그

메모할 만한 좋은 애플리케이션이 많아 요즘에는 잘 쓰지 않
지만, 예전에는 책을 읽고 내용을 정리해 블로그에 올렸다. 블로
그에 '내가 읽은 책' '책을 읽읍시다'라는 카테고리에 글을 올려두었
는데 여러모로 유용하게 쓰였다. 일상이나 관심 분야의 글을 작성
하는 것도 좋지만 책의 서평도 훌륭한 콘텐츠가 될 수 있다.

다양한 개인 웹페이지가 등장해도 네이버 블로그는 효율성 때
문인지 쉽게 트렌드가 옮겨지지 않는다. 개인 홈페이지처럼 사용
하면서 책을 소개하고 독서방법을 공유하는 등 활용도는 무궁무
진하다. 쉽게 접근할 수 있으면서도 나를 성장시키는 데 많은 도
움을 줄 수 있는 좋은 브랜딩 도구다.

신인작가 실리콘 밸리, 브런치

나는 브런치 전체 회원수가 5,000명이던 때부터 사용해오고 있다. 어느 날 올린 글이 브런치 메인에 소개되면서 하루에 조회 수가 만 명이 넘어간 적도 있다. 하지만 그때는 지금처럼 꾸준히 글을 쓰는 사람이 될 거라고는 기대하지도 않았고, 하루 종일 머리를 쥐어뜯어가며 글을 써도 겨우 하나의 글을 올릴 정도라면 앞으로도 별 가망성은 없겠다는 생각에 잊어버렸다. 회원수가 100만 명이 넘어가는 지금 그때 꾸준히 글을 썼더라면 '지금쯤 나도 제법 이름이 알려진 브런치 유명 작가가 되어 있지 않을까?' 하는 생각도 해본다.

네이버 포스팅 조회 수가 50회, 60회에 불과한 데 반해 똑같은 글을 올려도 브런치의 평균 조회 수는 400~500회다. 심지어 '내가 쓴 글을 누가 읽겠어?' 하고 올린 글도 조회 수만 1,000회가 넘는 경우가 많다. 내가 쓴 글을 누군가 읽고 도움을 얻고 댓글까지 달아준다는 것만으로도 꾸준히 책을 읽는 힘이 된다. 게다가 브런치에는 상당한 필력을 가진 작가가 많다. 그들의 생각과 경험이 담긴 이야기를 읽는 것만으로 마음이 풍성해진다.

필력이 탁월한 글을 꾸준히 읽고 음미하는 것은 필력을 높이는 데 도움이 될 거라 생각한다. 나는 브런치에서 '서해'라는 필명을 사용하는 이의 글을 좋아한다. 이 책을 쓰던 중 그의 글을 발견했고 이후 틈만 나면 서해의 글을 찾아 읽었다. 글이 내 마음을 울렸고 혼자 보는 게 아쉬워 작가에게 댓글을 남겼다.

"안녕하세요, 출간작가 전준우입니다. 두 번째 책을 쓰는데 작가님 글의 내용이 좋아서 내용 일부와 아이디를 기재해도 될는지 여쭙고자 댓글 올립니다. 허락해주신다면 출간되는 즉시 한 부 선물로 드리겠습니다. 혹 실례가 되었다면 죄송하고, 댓글을 삭제하도록 하겠습니다."

한참 뒤, "존재하는 사실이니 제 소유일 리가 있나요. 필요하시다면 얼마든지 쓰세요. 감사합니다."라는 답변이 왔다. 내가 좋아하는 그의 글을 일부 소개한다.

책을 손에 넣는 건 책과 운명적으로 만나는 행위다. 여기서 운명적이란 '우연을 가장한 만남'을 의미한다. 그런데 전자책과는 이런 우연한 만남이 일어나기 어렵다. 전자책은 '어떤 책을 읽겠다'라고 미리 내린 결정에 따라 구입한다. 내 생각에 책은 그런 식으로 사고파는 물건이 아니다. 책은 읽을 필요에 따라 구입한다기보다 '부름에 끌려' 만나는 물건이다. 사람들은 무엇을 찾고 있는지 모르는 채 읽어야 할 책 주변을 서성거린다. 그러다가 책과 운명적으로 만나는 순간 '맞아. 이 책을 읽고 싶었어' 하고 깨닫는 것이 아닐까. 서로 읽어달라고 아우성치는 책더미 속에서 내게로 오는 눈빛 하나. 나는 한 번도 그 눈길을 피한 적이 없었다.

셰익스피어 서점 1층으로 내려왔다. 한쪽 구석에 메모와 편지가 잔뜩 붙어 있었다. 나도 그곳에 앉아 노란색 포스트잇에 '책 고르는 안목이 훌륭하군요'라고 인쇄체로 꾹꾹 눌러 썼다. 그렇게 쓴 포스트잇 쪽지를 옆에 놓인 책 중간에 끼워 넣었다. 언젠가 이 책을 읽을 누군가에게 예기치 않은 미소를 선사할 생각에서였다. 우연찮게도 책은 헤밍웨이가 쓴 「A Moveable Feast」였다. 한국에선 「파리는 날마다 축제」라고 번역되어 나왔다.

틈날 때마다 사람들이 올린 글을 찾아 읽고, 댓글을 달고, 음미하는 습관을 들였다. 고작 몇 권의 책을 출간해 어물쩍 작가 소리를 듣는 나와는 비교할 수 없이 빛나는 삶을 사는 사람이 많았다. 그들의 삶은 곧 글이 되었고, 그렇게 모은 글을 책으로 출간한 사람도 많았다. 브런치를 꾸준히 집중해야 하는 이유가 여기에 있다. 책을 좋아하고 작가를 꿈꾸는 사람이라면 브런치는 탁월한 기회가 되어줄 것이다.

가벼운 독서 모임, 밴드

네이버 밴드는 가장 쉽고 편리하게 사람들을 모을 수 있는 소셜 그룹이다. 간단하게 정보를 공유하고 모임을 진행할 수 있도록 만들어져 있으므로 다양한 형태의 독서 동호회를 운영해볼 수 있다. 나도 울산에서 미우회라는 이름의 독서 동호회를 운영하고 있는데 좋은 분을 많이 만날 수 있었다. 집필, 교육기관 창업 등으로 바빠서 동호회 활동이 약간 뜸해지긴 했지만 나와 비슷한 생각과 가치관을 가진, 새로운 사람을 만날 기회를 제공해준다는 점에서 확실히 좋은 도구가 될 수 있다.

책을 좋아하는 사람들과 주기적으로 책에 대한 정보를 공유하고 이야기하는 시간을 가진다면 혼자서 책을 읽고 의미를 곱씹는 것보다 더 많은 경험과 노하우를 쌓을 수 있을 것이다.

에버노트

전 세계 1억 명이 넘는 사람들이 사용하는 에버노트는 그 활용도가 무궁무진하다. 나는 원고 대부분을 에버노트를 활용해 편집한다. 목차를 재구성하고 원고를 정리한 뒤 최종적으로 브런치와 블로그에 올린다. 그렇게 정리한 원고를 모아 최종 검토해 출판사에 투고하거나 칼럼으로 사용한다. 에버노트를 유료로 전환하면 어떤 기기에서든지 원활하게 사용할 수 있다. 다양한 메모 도구가 있지만 개인적으로 에버노트만큼 효율적으로 사용할 수 있는 애플리케이션은 아직 만나보지 못했다. 어떤 애플리케이션을 사용하든지 독서 습관을 만드는 데 유용함은 확실하다.

펜과 노트

메모는 창의력의 산실이며 기억의 곳간이다. 어떤 노트나 메모지를 활용하는가는 중요하지 않다. 중요한 것은 '메모하는 일'이다. 금세기 최고의 미디어 이론가였던 마샬 맥루한(Marshall mcluhan)은 그의 저서 『미디어의 이해』에서 "서구 사회의 성과물은 확실한데, 이는 글을 읽고 쓰는 놀라운 능력에 대한 증거다."라고 이야기했다. 펜으로 노트에 기록한 언어는 기계식 타이핑에서 느낄 수 없는 맛을 느끼게 만든다.

몇 년 전 웹서핑을 하다 '트래블러스노트(Travelers Note)'를 발견했다. 인스타그램에서 전 세계 수많은 트래블러스노트 유저를 찾을 수 있는데, 사소한 기록에서부터 필사까지 다양하게 활용하고 있었다. 펜을 들고 기록하는 단순함에 매료된 사람들은 리드미컬한 운율을 가진 시, 아름다운 그림, 아무짝에도 쓸모없는 낙서를 함께 끼적이면서 나름의 멋을 냈다.

나도 그들의 틈새에 끼어들어 틈만 나면 노트를 펼쳐 들고 성경을 필사하고, 다른 사람이 발로 그린 것보다 못한 그림을 그리고, 연극과 무대에 대한 개인적인 관점을 기록하며 한 권의 책을 썼다.

▤ 도구를 활용하기 전 필요한 것

도구의 장단점은 사람마다 다르게 느끼기에 그중 자신에게 맞는 것을 선택하면 된다. 단, 독서 습관은 다양한 기회를 통해 성장하므로 도구 외에 필요한 것들도 존재하기 마련이다.

독서 습관 정착 = [책 + 도구(다양성+활용능력)] × 독서 의지

독서 습관을 정착시키기 데 가장 중요한 조건은 독서 의지다. 아무리 도구를 잘 활용한다 해도 독서 습관을 정착하려는 열정이 0이라면 아무것도 남지 않는다. 일단 열정적인 독서를 시작하자. 독서를 통해 얻을 수 있는 좋은 결과는 훌륭한 도구의 활용능력보다 사색에 투자한 시간과 노력에 비례하는 법이다.

책은 때때로 포근한 위안을 주고 강하게 마음을 채찍질해준

다. 인생을 앞서 나간 사람들이 겪은 위로와 위안을 다양한 예시와 교훈을 통해 전달해준다. 그들의 말은 어쩌면 진리에 가까울 수도 있다. 이미 경험한 내용을 바탕으로 한 결과물이기 때문이다. 다른 사람들의 경험과 노하우를 통해 지금보다 성장한 나를 만들어낼 수 있다.

변화하는 세상의 속도에 발맞춰 빠르게 적응하는 요즘 사람들은 책을 즐기지 않는다. 심지어 책이 죽었다고 떠들어대는 작가도 있다. 물론 모든 책이 마음에 교훈을 남기거나 소망을 주는 것은 아니다. 탁월함과는 전혀 거리가 먼 책도 많다. 귀감이 되는 책도 있는 반면 지루한 책도 존재한다. 그러나 중요한 것은 책이라는 본질이다. 책 그 자체는 결코 무시할 만한 존재가 아니다.

<4장>

초성장을 완성하는 것들

01

백독백습보다는 일독백문

    회원수가 500명에 육박하는 독서동호회에서 활동한 적이 있다. 한 달에 한 번 동호회 모임에 사람들이 잘 읽지 않는 어려운 책을 골라 발표하고 함께 읽는 방향으로 모임을 진행했다. 알베르 카뮈의 『이방인』, 마르쿠스 아우렐리우스의 『명상록』, 다자이 오사무의 『인간실격』 같은 책을 읽고 토론했고, 참석하는 분들도 논술학원 원장님, 고등학교 선생님, 개인 갤러리를 운영하는 미술가 등 다양했다. 확실히 많은 도움이 되는 모임이었다.

    동호회 대표는 초등학교 선생님이었는데 굉장한 다독가였다. 그런데 그분과 만나서 이야기를 나눌 때마다 불편한 마음이 들었다. 머릿속에 지식은 많은데 마음의 깊이가 지식을 따라가지 못하는 것 같다고 느꼈다. "인문고전 다 읽고, 역사서 다 읽고, 3개 국어 정도는 해야 성공할 수 있어요."라고 이야기하는 그분의 삶은 지식을 따라가지 못했다.

오래 지나지 않아 함께 활동하던 분들은 '더 이상 함께하고 싶지 않다'라며 탈퇴했고, 다른 모임을 만들었다. 나와도 작은 말다툼이 있었다. "책은 많이 읽으신 것 같은데 사람들을 품을 수 있는 마음이 부족하신 것 같아요."라는 내 말을 무척 불쾌하게 받아들였다. 몇 번이고 사과했지만 이전처럼 가까워지진 않았고 결국 되돌릴 수 없을 정도로 사이가 나빠졌다. 그 뒤로는 다독과 속독에 자신 있다고 이야기하는 사람들의 말을 그다지 믿지 않게 되었다. 삶이 따라주지 않는 모습을 봤기 때문이다.

속독은 일단 훈련해두면 활용도가 높은 기술이므로 배워두면 좋다. 속독을 통한 다독은 더 많은 정보를 빠르게 섭렵할 수 있는 또 다른 기술이다. 그러나 아무리 많은 책을 읽고 아무리 빨리 책을 읽어도 책 속에서 깨달음을 배우지 않으면 읽으나 마나다. 의미 없이 시간만 보내는 셈이 된다.

▤ 읽고 나면 묵상하라

조선 후기의 실학자였던 위백규는 친구였던 김섭지에게 보내는 글에서 '읽으나 마나 한 글을 읽지 말라'고 경고한 바 있다. 모름지기 석 자의 땅을 파고 들어가면 축축한 흙이 나오고 다시 석 자를 더 파고 들어가면 탁한 물이 나오는데, 거기에서 다시 석 자를 파고 들어가야 달고 찬 기운이 나는 샘물을 얻을 수 있다고 이야기한다. 똑같은 액체로서의 물이라 해도 그 깊이가 다르다는 말이다.

독서도 마찬가지다. 조선시대 형조판서와 부총관을 역임한 문신 이덕수는 『서당사재』에서 얕은 독서를 지양하고 깊은 독서를 해야 하는 이유를 이야기한다.

> 독서는 푹 젖는 것을 귀하게 여긴다. 푹 젖어야 책과 내가 융화되어 하나가 된다. 푹 젖지 않으면 읽으면 읽는 대로 다 잊어버려 읽은 사람과 읽지 않은 사람이 별 차이가 없다.
> —『서당사재』 이덕수

수돗가에서 콸콸 쏟아져 나오는 물과 깊은 우물에서 뜨는 물은 분명 다르다. 혹자는 물맛이 다르다고 이야기하며, 냉도(冷度)

에서 미세한 차이가 난다고 한다. 과학적인 근거가 있는 말인지는 모르겠지만 충분히 이해가 갈 만한 말이다. 오랜 세월 동안 땅속에서 묵은 깨끗하고 순수한 물은 정수기에서 꺼낸 물과 비교할 수 없는 차이를 만들어낸다. 마음을 푹 적시는 독서는 깊은 우물에서 얻는 물과 같다. 얕은 지식과 졸한 정보를 통해 만들어진 내면의 세계를 남에게 보이기 좋아하는 사람들의 독서는 깊이가 없고 거칠다.

어느 지인은 책을 읽을 때 서른 번 정도를 반복해서 읽는다고 이야기한다. 서른 번 정도는 읽어야 비로소 작가의 마음이 발견된다고 했다. 처음엔 그 말이 이해가 되지 않았지만 언젠가부터 나도 괜찮은 책을 발견하면 반복해서 읽는 습관이 생겼다. 횟수에 상관없이 원하는 만큼 반복해서 읽다 보면 이전에 발견하지 못했던 작가의 마음이 보이며 더 깊은 묵독이 이루어짐을 실제로 경험했다.

📖 토끼와 거북이는 왜 경주를 했을까

백독백습은 조선을 대표하는 세종대왕의 독서법으로 유명한데 한 권의 책을 백 번 읽고 백 번 쓰라는 말이다. 1,898회에 달하는 경연을 신하들과 함께할 정도로 독서를 사랑했던 그는 훈민정음을 만들어 역사상 가장 위대한 왕으로 불린다.

다만 지금은 그때와 비교할 수 없을 정도로 방대한 정보와 책이 범람한다. 백독백습할 만큼의 가치와 깊이가 있는 책을 찾기란 더 어려워졌다.

그래서 나는 개인적으로 일독백문을 권한다. 물론 시간적, 경제적 여유가 있다면 일독백문보다 백독백습이 훨씬 좋다. 백독백습은 백 번을 읽고 백 번을 쓰는 방법이고, 일독백문은 한 번 읽을 때마다 백 개의 질문을 던지는 방법이다.

나는 교육기관에서 근무할 때 아이들의 창의력을 길러주기 위해 토끼와 거북이 우화에서만 150개에 달하는 질문을 만들어본 적도 있다. 불필요하고 의미 없는 질문들을 모두 줄이고 나니 37개의 효과적인 질문만 남았다. 짧은 동화 한 편도 깊이 반복해서 읽으면 37개의 사색해볼 만한 질문을 뽑을 수 있다. 그러다 보니 무슨 책을 읽더라도 다양한 방향에서 질문하고 뒤집어보는 습관이 생겼다. 백독백습과 일독백문 모두 장단점은 있지만 중요한 점은 배우겠다는 의지다.

어린 시절, 아버지는 숫돌에 칼을 갈아 쓰셨다. 숫돌 위에서 사각사각 소리를 내며 날카로워지는 칼을 보면서 별다른 특이점은 발견하지 못했다. 어린 마음에 '그냥 쓰면 안 되나?' 하는 생각도

했다.

쇠가 갈려 나가면서 숫돌과 칼에서 깎인 회색물이 씻겨 내려갔다. 마음을 들여 칼을 가는 아버지의 모습은 무척 인상적이었다. 그렇게 숫돌은 마침내 날카롭게 잘 다듬어진 칼이 되었다. 다듬지 않은 칼과 비춰봤을 때 별반 달라진 점은 없어 보였지만 종이를 살짝만 갖다 대도 끄트머리가 잘려나갔다. 날카로운 칼에서는 얼굴을 비출 만큼의 투명함을 발견할 순 없었다. 탁한 빛을 띠지만 다듬어진 칼의 날은 무척이나 날카로웠다. 보기에는 똑같아 보이는 칼이지만 날선 칼과 그렇지 않은 칼은 도마 위에 오르는 순간 확연히 차이가 난다는 것을 알았다. 칼이 날카롭지 않으면 당근이나 오이를 써는 것도 힘들었다. 보기엔 같은 칼이라도 실은 칼로서의 가치가 없는 것이다.

탁월한 글은 날카로운 칼과 같다. 탁월한 글이 모여야 탁월한 책이 만들어진다. 작가는 칼을 갈듯 책을 써야 하는 사람이고, 독서는 그렇게 다듬어진 칼로 마음을 연단하는 사람이다. 애초에 마음을 정돈하겠다는 의지가 없이 책을 읽으면 성장으로 이어지는 변화를 만나기 어렵다.

나는 가늠할 수 없는 마음의 깊이를 가진 은사님을 만난 적이 있다. 그의 앞에서는 결코 거짓말이나 숫돌을 만나지 않은 칼과 같은 말을 할 수 없었다. 50권이 넘는 저서를 출간했음에도 불구하고 그가 가진 마음의 위치는 '흙'이었다. "나는 흙이며, 어리석은 사람이다."라고 자신을 표현했다. 그의 책을 읽으면 마음이 풍요로워진다. 비약적 풍요로움은 결국 배움에서 온다.

02

하루 1시간, 1권을 읽는 속독 비법

'책맥'이라는 말을 들어본 적 있는가? 책을 읽으며 맥주를 마신다는 의미다. 유튜브 등에서 영상을 보는 사람은 급속도로 느는 반면 책을 읽는 사람은 갈수록 적어지고 있다. 독서를 조금은 가볍게 접근해보자는 분위기에서 만들어진 말이 아닐까 싶다.

📖 알코올 중독보다 독서 중독

하루 한 권 책 읽기 프로젝트를 실시하는 모임도 있다. 특정

요일에 모여 책 한 권을 읽는 모임도 있고, 밤샘 독서 프로젝트를 진행하는 곳도 있다. 모두 좋은 취지에서 시작된 모임들이다. 하루 한 권의 독서가 쉽지는 않다. 그러나 불가능한 것도 아니다. 속독의 관념을 바꾸고 방법을 익히면 하루 한 권이 아니라 열 권도 가능하다.

교육기관에서 근무할 때 월요일과 휴일을 제외하고 화, 수, 목, 금, 토요일에는 도서관에 가서 책을 빌렸다. 하루에 2권을 읽을 때도 있었고 3권을 읽을 때도 있었다. 초등학생들 문제집 채점을 해주고 틀린 부분을 설명해주고 난 뒤 남은 시간에는 항상 책을 읽었다. 읽다 보니 속도가 빨라졌고 주제를 찾는 힘이 생겼다.

속독은 다독을 하기 위함이다. 그러나 속독보다 중요한 것은 정독이고, 정독보다 중요한 것은 묵독이다. 속독은 정보 습득이 목적이고, 정독은 정보 습득과 어휘력 훈련이 목적이다. 묵독은 작가의 마음을 발견하기 위한 독서법이다. 속독 그 자체가 독서의 최고봉이 아니라는 사실을 먼저 인지할 필요가 있다.

'1+1=2'와 같은 단순하고 쉬운 수학적 논리를 깨우치는 것과 자연의 이치를 깨닫고 사색하는 것, 배움의 가치라는 측면에서 같은 논리처럼 느껴지지만 사실은 전혀 다른 문제다. 두뇌의 활성화가 다르고, 도출되는 결과가 다르다. 자기계발서를 읽는 게 '1+1=2'를 깨닫는 활동이라면, 뛰어난 문학작품을 접하는 것은 미

적분학이나 대수학을 공부하는 것과 같다. 어떤 책을 접하든 적극적인 독서 습관은 중요하지만 책을 대하는 자세는 달라야 한다. 내가 쓴 책과 조지 오웰의 『동물농장』을 같은 선상에 둘 수는 없지 않은가?

모든 책에는 저마다의 주제가 있다. 책에서 이야기하고자 하는 주제에 따라 책도 나뉘어야 한다. 속독을 할 수 있는 책과 속독이 불가능한 책으로 말이다. 정독을 넘어 묵독해야 하는 책도 있다. 그리고 속독과 묵독은 비교할 수 없을 정도로 큰 차이가 있다. 예를 들어보자. 지금 당신이 보고 있는 이 책은 속독이 가능하다. 그러나 『레미제라블』은 속독이 불가능하다. 『돈키호테』도 마찬가지다.

속독할 수 있는 책은 속독을 하되, 정독해야 하는 책은 정독해야 한다. 속독할 수 있는 책이라고 해서 수준이 낮거나 별 볼 일 없다는 말은 아니다. 아무리 수준 높은 책이라도 작가가 쉽게 쓰면 속독할 수 있다. 속독은 책을 즐기는 사람에게 유용한 능력일 뿐, 책과 작가의 수준을 의미하지는 않는다.

▤ 하루 한 권 속독의 비밀

그럼 이제 속독할 수 있는 책을 찾아보자. 얼마 전 아마존에서 12년을 근속한 뒤 개인 사업체를 운영하고 있는 어느 작가의 책을 읽은 적이 있다. 박정준의 『나는 아마존에서 미래를 다녔다』라는 책이다.

세계에서 가장 혁신적인 기업이자 최고의 인재들만 영입하는 아마존에서 12년을 근속한 한국인이 쓴 책으로, 교보문고 베스트셀러 목록에도 올랐다. 회사에 대한 자부심과 더불어 세계에서 가장 혁신적인 기업이 나아가는 방향과 기업의 가치를 설명하고 있다. 아마존이 왜 세계최고의 기업인지, 왜 아마존이 IT시장을 점령해나가는지를 매우 세밀하고 논리정연하게 설명했다. 어려운 단어와 생소한 분야의 설명이 종종 등장하지만 책의 제목만 보더라도 이 책의 큰 줄기와 주제를 쉽게 파악할 수 있다. 즉, 아마존에서의 삶이다. 제목에서 어떤 책인지 쉽게 알 수 있기에 주제를 파악하는 데 오랜 시간이 걸리지 않는다. 속독할 수 있는 책이다.

또 다른 책이 있다. 유근용의 『1일 1행의 기적』이란 책이다. 방황하던 젊은 시절, 우연히 책을 접하면서 하루에 한 가지씩 계획대로 실행하는 습관이 생긴 저자가 지금은 억대 연봉의 CEO가 되어 성공한 인생을 만들었다는 이야기를 담은 자기계발서다. 저자는 사회적으로 어느 정도 성공궤도에 오른 인물이며 그의 책을 읽고 삶의 많은 부분이 달라졌다는 사람들의 이야기도 있다. 제목에서 알 수 있듯 '하루 1개의 습관을 들이면 인생이 달라진다'는 말을 책에 풀어내고 있다. 내용 자체는 어렵지 않기 때문에 빨리 읽을 수 있다. 중요 부분만 뽑아내 내 삶에 적용하면 되기 때문이다.

무엇보다 책을 읽을 때는 목차를 보면서 읽어나가면 도움이 된다. 목차를 굉장히 엉뚱하게 쓰지 않은 이상 목차를 보면 그 책의 내용을 파악할 수 있다. 웬만큼 어려운 책이라도 목차를 보며 내용을 파악하기란 그리 어렵지 않다. 예를 들어보자. 다음은 조국 전(前) 민정수석의 『조국, 대한민국에 고한다』의 목차 일부분이다.

제1장 정부에 고한다

• MB가 꿈꾸는 두 나라

• 정부는 '지배계급의 도구' 테제를 입증하려는가

• 개헌? 정당 명부 비례대표제 강화가 먼저다

• 위장, 투기, 스폰서의 달인들

• 이재오 특임장관 귀하

• 박재완 고용노동부장관 귀하

• 고문근절을 위한 획기적인 대책을 마련하라

조국 민정수석의 책을 예로 든 이유가 2가지 있다. 첫 번째는 한국 최고의 지성인 반열에 오른 인물이라고 감히 이야기할 수 있을 정도로 탁월한 그의 삶이 책의 가치를 뒷받침해준다는 점, 두 번째는 매우 섬세하고 다양한 주제로 목차를 정리했다는 점이다.

독자 중에는 그를 옹호하는 사람도 있고 정치적 견해 차이로 비난하는 사람도 있을 것이다. 그러나 삶의 배경만을 두고 이야기 했을 때 그처럼 탁월한 삶을 살았다고 이야기할 수 있는 사람은 극히 드물다. 나는 그처럼 탁월한 삶을 살지 못했고 지식과 삶의 연륜에서도 비교 대상이 되지 못한다. 그런 사람이 기록한 책이라면 충분히 모범적인 책으로서의 가치를 가지고 있으며, 올바른 목차 구성의 예시로 들 만하다는 생각이 들었다.

목차는 책의 뼈대와 같고, 서문은 인물화를 그리기 전 대략의 형상과 같다. 뼈대에 살을 붙이면 생명의 형상이 만들어지고 대략의 형상이 만들어지면 인물화 그리기가 한결 수월하듯, 목차와 서문을 세밀하게 파악하면서 책 읽기를 시작하면 많은 도움이 된다.

03

하루 3권 독서,
플로우 리딩의 3가지 비법

한 달에 한 권도 읽지 않는 사람이 있는 반면 1년에 1,000권에서 많게는 무려 3,000권까지 읽는 사람도 있다. 전에는 이런 수치가 가능한 일인가 생각했지만 플로우 리딩(Flow reading)을 알게 되면서 불가능한 일만은 아니겠다는 생각이 든다.

플로우 리딩은 인나미 아쓰시의 『1만 권 독서법』에 나오는 속독법으로 하루에 3권 혹은 그 이상의 독서를 할 수 있는 방법을 의미한다. 운동을 꾸준히 할수록 운동신경이 좋아지듯, 책도 읽다 보면 속도가 빨라진다. 더 빨리 읽으면 더 많은 책을 읽어낼 수 있다. 그리고 꾸준한 독서를 하다 보면 나름의 요령도 생긴다. 플로우 리딩은 그런 요령의 일종이다. 습관화하면 지금보다 훨씬 많은 책을 읽을 수 있다. 플로우 리딩을 하기 위한 방법 3가지는 다음과 같다.

1. 큰 줄기를 담당하는 주제를 확인한다.
2. 훑으면서 중요한 부분에 밑줄을 긋고 표시해둔다.
3. 표시해둔 부분을 중심으로 글을 읽어나간다.

첫 번째 방법은 읽을 책의 목차와 대략적인 내용을 한 번 훑으며 큰 줄기를 찾는다. 어떤 책이든 줄기가 되는 스토리가 있게 마련이다. 책 속의 스토리의 다리 역할을 하는 목차를 먼저 확인하고 전체적으로 빠르게 훑어나간다. 플로우 리딩의 핵심이며 기초작업이다. 이 과정에서 평소 책을 좋아하는 사람이라면 훑으면서 대략적인 내용까지 파악해낼 수 있다. 매일 1kg의 모래주머니를 양 발목에 차고 다니다 모래주머니를 제거하면 평소보다 가볍게 느껴지는 것처럼 평소 고전이나 철학, 역사 책을 줄곧 읽어온 사람이라면 더 빠르게 많은 책을 읽을 수 있는 건 당연하다.

두 번째 방법은 앞에서 이야기한 큰 줄기를 중심으로 훑으면서 중요한 부분에 표시를 해두는 작업이다. 학창시절 논설문이나 설명문을 공부할 때 글쓴이가 주장하고자 하는 것이 무엇인지 찾는 공부를 하지 않았던가? 그것과 마찬가지로 작가가 이야기하고자 하는 부분을 중심으로 맥락을 찾아 들어가면 쉽게 속독할 수 있다. 독서하면서 알아야 할 것은 글쓴이가 이야기하고자 하는 핵심 내용이지 덧붙이는 살이 아니다.

세 번째 방법은 표시해둔 부분을 중심으로 읽으면서 덧붙여지는 설명들을 이해하는 작업이다. 여기서 중요한 것은 핵심이다. 자기계발서에서는 무엇을 핵심으로 이야기하는지 확인하면 되고, 소설에서는 기승전결 스토리를 파악하면 된다. 에세이는 '가슴을 울리는' 핵심 문장을 정리하고, 이도저도 아닌 책은 작가가 주장하고자 하는 내용만 골라서 정리한다.

플로우 리딩은 짧은 시간 동안 압도적으로 많은 정보를 접해 풍부한 어휘를 배울 수 있다는 점이 가장 큰 장점이다. 한 달에 200권 이상 속독이 가능한 독서비법은 플로우 리딩에서 시작된다. 물론 단점도 있다. 자기계발서나 정보 위주의 논설문, 에세이 정도로 플로우 리딩이 가능한 책은 한정되어 있으며, 그마저도 조용하고 따뜻한 분위기 속에서 읽는 것과 그렇지 않았을 때의 깊이는 달라진다. 이 방법은 정보의 습득이 주된 요체이므로 숙고와는 거리가 먼 독서법이기도 하다.

만약 수천 권의 책을 읽었다고 이야기하는 사람들과의 대화

속에서 대단한 기운을 느끼지 못했다면 정보 위주의 책을 접한 사람일 가능성이 크다. 신이나 애덤 스미스가 아닌 바에야 어느 사람이 하루 만에 『국부론』을 읽고 그 안에 담긴 세계를 모두 이해할 수 있겠는가? 속독이든 정독이든 묵독이든 책에 따라 알맞은 방법으로 독서하면 된다.

04

1만 권의 책 읽기보다 중요한 것

    1만 권의 독서를 하려면 어느 정도로 읽어야 할까? 하루에 한 권의 책을 읽는다 치면 3년을 내리 꼬박 읽어야 1,000권의 책을 읽을 수 있다. 1만 권을 읽으면 하루에 한 권씩 읽는다고 했을 때 27년이 걸린다.

    경험상 한 권을 읽으면서 중요한 핵심을 골라내고 분석하는 능력은 1,000권을 기준으로 기하급수적으로 올라가는데, 800권에서 1,000권을 읽을 때쯤 되어서는 평균 1시간에 1권을 읽을 수 있다. 그런 속도로 하루에 10권씩 꾸준히 읽어도 만 권을 읽으려면 3년이 걸린다. 경제활동을 멈추고 하루 종일 독서를 할 만큼 경제적인 여유가 있거나 뭔가 대단한 결심이 있어서 독서에 매진해도 3년이 걸린다는 말이다. 결코 쉽지 않은 일이다.

📖 초성장 독서의 시작

서점이나 도서관에서 '독서법'을 검색해보면 많은 책이 있음을 알 수 있다. 독서법 주제로 책을 쓴 저자들은 공통적으로 어느 시점부터 독서량이 증가했다고 이야기한다. 이를테면 '퇴직 이후의 삶'을 생각해봤다든지, 배우자나 자녀가 생사를 넘나들 정도로 몸이 좋지 않아서, 혹은 삶의 회의를 느꼈다거나, 중요한 것이 무엇인가를 두고 고심하다 마침내 책을 쥐게 되었다고 말한다. 그렇게 어느 순간 책이 인생을 송두리째 바꿔놓았다고 한다.

나는 회사를 퇴사한 뒤로 늘 책을 들고 다니며 읽었다. 장르는 가리지 않았지만 오래된 책을 주로 읽었다. 잠시 화장실에 갈 때도, 지하철이나 사람을 기다릴 때도 늘 손에서 책을 놓지 않았다. 영하 15℃까지 내려가는 추운 날씨에도, 37℃까지 올라가는 무더운 날씨에도 책을 읽었다. 추우면 추운 대로 느껴지는 책 속의 감동이 달랐고, 더우면 더운 대로 느껴지는 책 속의 감동이 달랐다.

그러나 2013년에 읽은 책은 고작 50권 안팎이었다. 회사에서 근무하는 1년 동안 『레미제라블』을 완독하는 데 꼬박 한 달이 걸렸고, 『니코마코스 윤리학』을 완독하는 데에도 비슷한 시간이 걸렸다. 『체 게바라 평전』이나 『간디 자서전』은 보름에서 3주 정도 걸려 완독했는데 지금 생각해보면 훈련의 시간이었던 것 같다.

회사를 그만두고 첫 사업을 시작했다. 틈틈이 모아둔 자본금과 퇴직금으로 시작한 사업은 쉽지 않았다. 퇴직금을 다 까먹고 그만뒀는데 사업을 실패하고 난 뒤 3~4개월 동안은 수입이 전혀 없던 상황도 있었다. 자동차 판매 영업도 했지만 말주변이 없어 영업실적은 꽝이었다. 친하게 지내던 부장님 한 분은 "인사도 잘하고 청소도 잘하는구먼. 자세만 봐서는 전국 판매왕인데, 일이 잘 안 맞는가?" 하고 물어볼 정도였다. 되는 일은 하나도 없고 틈만 나면 도서관에서 책을 읽는 일이 다였다.

사업을 실패한 2015년 그해에 400여 권의 책을 읽었다. 이듬해인 2016년에는 자동차 영업사원으로 근무하면서 500권 조금 넘는 책을 읽었다. 그때부터는 책을 읽는 속도가 굉장히 빠르게 올라갔는데 2017년부터는 읽은 권수를 세는 게 의미가 없어져 세지 않았지만 비슷하게 읽었던 것 같다.

따지고 보면 지난 4, 5년 동안 읽은 책이 2,000권에서 3,000권은 되는 듯싶다. 하루에 6, 7권의 책을 읽고 독기를 품었다. 다양한 경험을 해본 사람들의 이야기를 읽고 그 속에 담긴 조언을 통해 내

현실에 도움이 되는 지식과 지혜를 얻었다. 궁극적으로 독서를 통해 겸손의 자세를 배웠다.

▦ 초성장을 이룬 독서가

1만 권 독서로 풍부한 지혜, 지식, 혜안을 얻고 어제보다 나은 오늘을 만들 수 있다. 책을 많이 읽으면 지식이 쌓이고, 이전에 가지지 못했던 통찰력도 생긴다. 그러나 마음을 다스리는 데에는 취약해질 수 있다. 굉장히 어려운 과정을 뛰어넘었다는 자만에 젖어 자칫 '모든 것을 다 안다'는 거만에 빠지기 쉽다. 그래서 1만 권의 책을 읽은 한 사람은 양날의 검을 쥐고 있는 무사와 같다. 1만 권 독서보다 중요한 것은 '느리지만 꾸준히' 하는 힘이다. 그 속에는 경청의 자세와 겸손함이 있다.

야후의 CEO였던 테리 세멜(Terry semel)은 10억 달러에 페이스북을 인수하겠다는 제안에도 흔들리지 않았던 마크 주커버그를 두고 "10억 달러를 보고도 흔들리지 않는 사람을 처음 본다."라고 이야기한 바 있다. 마크 주커버그는 〈포춘지〉와의 인터뷰에서 "어떤 리스크도 갖지 않는 것이 가장 큰 리스크다."라고 이야기했다. 지금도 세계 최고의 기업으로 성장하고 있는 페이스북은 크고 작은 문제들 속에서도 더욱 굳건히 입지를 지켜나가고 있다. 마크 주커버그의 탁월한 리더십, 경영진의 능력, SNS시대의 도래와 같은 시대의 흐름이 만들어낸 업적이다. 실로 놀라운 행보가 아닐 수 없다.

이런 페이스북의 성장을 담은 어느 기사의 제목은 '페이스북은 느리지만 꾸준한 속도로 계속해서 성장하고 있다'였다. 기업이든, 사람이든 비약적 성장(Rapid growth)보단 꾸준한 성장(steady growth)이 필요하다. 비약적 성장보다 꾸준한 성장은 무엇이든 돈독하게 자라나게 하는 마음이 숨어 있기 때문이다. 페이스북은 확실히 비약적 성장을 한 경우에 속하지만 그럼에도 꾸준히 성장하고 있다. 비약적 성장을 하는 도중에 경영 실패로 사라져버린 기업이 많다는 점을 생각해봤을 때, 페이스북의 꾸준한 성장은 결코 우연이 아님을 알 수 있다.

교육기관에 근무하던 시절, 일주일에 한 번씩 본부에 모여 각 지역 선생님들과 미팅을 하며 교육 관련 토론하는 시간을 가졌다. 오래 근무한 분들의 평균 근속연수는 20년이고 그 이상 근무하신 분도 많았다. 1년간 근무하면서 나를 거쳐 간 아이들이 100명가량이었는데 20년을 근무하면 평균 2,000명의 아이들을 대하는 셈이 된다. 가정환경, 성격, 성향이 다른 2,000명의 아이들을 대하다 보면 아이의 습관과 행동양식 등 많은 부분을 알게 마련이다.

그래서인지 경력이 있을수록 다른 사람의 말에 귀 기울이지 않았다. 다른 사람들의 말을 가로채기 일쑤였고, 자기가 아는 지식과 정보가 전부라고 생각했다. 교육기관은 효과적으로 정보와 지식을 습득할 수 있는 기술을 가르쳐주는 전문가 집단이다. 교사의 인성, 리더십, 마음의 품격 같은 부분은 보이지 않는 세계이므로 자세하게 관찰하지 않으면 파악하기 힘들다. 남을 가르치는 데는 이론적으로 전문가일지 모르지만 자신은 배우려는 자세를 갖추지 못한 것이다.

비약적 성장을 위한 수많은 기회 중 독서는 가장 우위를 선점할 기회다. 꾸준한 독서는 완벽한 사람을 만드는 데 좋은 기폭제가 되어준다. 벼는 익을수록 고개를 숙인다. 지식과 지혜가 쌓일수록 자신의 부족함을 발견하고 채우려는 데 끊임이 없어야 한다.

05

'초성장'이 시작되는 순간

　근육통, 평소 운동을 즐기지 않던 사람이 격렬한 운동을 하면 유독 극심한 근육통을 겪는다. 운동을 오래 한 사람도 마찬가지다. 근육통이 있을 때 운동을 했다 몸살이 걸리는 경우도 종종 있다. 지독한 몸살은 아픈 것보다 의욕을 잃게 만든다. 모든 일에 힘이 빠지고 흥미도 사라진다. 하지만 그 시기가 지나면 더 크고 높은 궤도로 올라갈 수 있다.

▓ 어느 순간 찾아오는 매너리즘

무슨 일이든지 오래 하다 보면 슬럼프에 빠질 때가 있다. 물론 일 자체 때문은 아니다. 무슨 일이든 일정한 패턴을 가지고 규칙적인 질서를 유지하다 보면 흥미를 잃고 단조로움에 식상함을 느낀다. 회사 일이 그렇고, 운동이 그렇고, 취미생활도 그렇다. 독서도 마찬가지다. 유독 책이 읽기 싫거나 의욕이 없을 때가 있다. 흔히 말하는 매너리즘, 즉 슬럼프가 찾아온 것이다.

독서는 무척 단순한 행위다. 책을 읽고 다양한 기회가 열리는 것은 분명 반가운 일이다. 하지만 독서는 '책상에 구부정하게 앉아 꼼지락거리는 행위'에 불과하다. 누가 시켜서 하는 일도 아니고 시간이 정해져 있는 일도 아니다. 그렇다고 이렇다 할 정답도 없다. 완독한다는 목표를 제외하고는 말이다.

아무리 대단한 책을 앞에 갖다 놔도 읽고 싶지 않고, 왜 책을 읽어야 하는지 의구심이 들었다. 하루에 한 권은커녕 한 달에 한 권 읽는 것조차 힘들어하는 사람들도 나보다 잘 사는 것 같은데 굳이 사서 고생할 필요가 있을까 싶었다.

그 시간은 성장통일 뿐이다. 독서를 통해 얻을 수 있는 탁월함은 슬럼프를 견디고 극복할 만한 가치가 충분하다. 언젠가 가까운 지인에게서 '모소대나무'의 일화를 들으며 어떤 형태로든 반드시 찾아오는 슬럼프가 인생에서 얼마나 가치 있는 경험인지를 생각해볼 수 있었다.

중국 극동지방에, 서쪽 지방 산둥성에서 이사 온 장사꾼이 한 명 있었다. 새로 이사 온 그의 눈에는 많은 것이 신기하게만 보였는데, 무엇보다 신기했던 것은 대나무를 키우는 사람들이었다. 오래전에 심어둔 대나무가 대순조차 제대로 돋아나지 않고 있음에도 불구하고, 대나무를 키우는 사람들은 별다른 걱정 없이 하루하루를 지내고 있는 것이었다. 1년이 지나고, 2년이 지나고, 3년이 지나도 겨우 살아있는 것처럼 보일 뿐 전혀 자라지 않는 대나무를 보며 그는 '이곳에 있는 농부들은 게으르고 무식해서 저런 어리석은 행동을 하는구나' 하고 생각했다.

그러던 어느 날, 놀라운 광경이 눈앞에 펼쳐졌다. 그가 그곳에서 자리를 잡고 산 지 5년이 되던 해에 대나무 새싹들이 올라오기 시작했다. 아무것도 없던 대나무 숲에서 헤아릴 수 없이 많은 대나무들이, 그것도 일제히 솟아오르는 것을 보면서 놀라움을 금치 못했다. 모든 대나무들은 엄청난 속도로 자라기 시작했는데, 하루에 30cm씩 쑥쑥 자라더니 급기야 처음 싹이 올라오던 시점부터 6주가 지나자 울창한 대나무 숲으로 변해 있었다.

그제야 농부들은 칼을 꺼내서 대나무를 베어내기 시작했다. 그 광경을 직접 목격한 장사꾼이 마을의 노인을 찾아가서 자초지

종을 여쭈어보았다. 그리고 노인의 대답을 듣고 난 뒤에 그 내막을 알 수 있었다.

"이 대나무들은 우리가 보기에도 죽은 게 아닌가 싶을 정도로 오랜 시간 동안 변화가 없어. 하지만 사실은 땅속 깊은 곳까지 뿌리를 내리는 작업을 하고 있는 것일세. 우리가 보이지 않는 곳에서 깊게 성장하고 있는 것이지. 그래서 싹을 틔우기 전에 뿌리를 먼저 깊게 뻗어서 성장에 쓸 자양분을 모으고 있다네. 그리고 싹이 돋는 순간부터 모아두었던 자양분으로 자라는 거지. 이 대나무들은 지난 몇 년 동안 뿌리를 내린 거야."

▤ 슬럼프 극복으로 시작되는 '초성장'

훌륭한 나무는 땅속 깊이 뿌리를 내린 나무다. 아무리 튼튼해 보이는 나무라고 할지라도 뿌리가 약한 나무는 강한 바람이나 태풍에 쉽게 쓰러진다. 더위를 식혀주는 그늘을 만들어야 할 나무가 도리어 생명을 위협하는 흉기가 되는 것이다. 단단하게 뿌리를 내린 나무는 강한 태풍이나 비바람이 몰아쳐도 쉽게 무너지지 않는다. 나무만 그런 것은 아니다. 사람에게도 뿌리를 내리는 시간이 필요하다. 특히 독서와 책 쓰기에서의 뿌리를 내리는 시간은 지금보다 몇 배나 더 성장한 나를 만들 수 있다.

독서를 통해 단련된 정신은 회복 탄력성(Resilience)이 뛰어나다. 독서를 통해 얻은 것 중 '내가 항상 옳은 사람이 아니라는 깨달음'은 가장 위대한 발견이었다. 그 깨달음은 종종 찾아오는 슬럼프에서 빠르게 벗어날 수 있도록 했다.

육체와 정신을 분리하는 일이 중요하다. 육체는 피곤할 수 있다. 그러나 육체와 정신은 결코 같은 세계에 살고 있지 않다. 완벽하게 분리된 세계다. 육체가 피곤한 것이지, 정신은 피곤하지 않다. 슬럼프를 가장 빠르게 이겨내는 방법은 바로 이 사실을 마음에서 분명하게 깨닫는 데 있다.

인생을 살면서 슬럼프는 언제든지 찾아올 수 있다. 한 가지 분명한 사실은 슬럼프는 육체의 신호에 불과하다는 점이다. 독서를 통해 만들어진 정신력은 육체보다 훨씬 더 앞서나갈 수 있는 강한 힘을 가졌다. 지금보다 탁월한 삶을 살기로 결정한 사람은 정신과 육체 사이에 간극이 존재하지 않는다는 사실을 분명히 깨달을 필요가 있다.

<5장>

초성장 독서에 필요한
마음가짐

01
사람의 마음은 어떻게 만들어지는가

말에는 온도가 있다. 따뜻한 말에서는 따뜻한 온도가 느껴지고, 차가운 말에서는 차가운 온도가 느껴진다. 그래서 차가운 말을 반복하는 사람은 시간이 지날수록 가까이하는 사람이 줄어든다. 따뜻한 마음으로 따뜻한 말을 전하는 사람은 많은 사람의 도움을 받는다.

나쁜 말을 들은 밥은 시간이 지날수록 검은 곰팡이가 생기고, 격려와 사랑의 말을 들은 밥은 시간이 지날수록 푸른 곰팡이가 생기는 영상을 한 번쯤은 본 적이 있을 것이다. 말의 중요성을 이야기할 때마다 자주 인용되는 좋은 예다. 어떤 일에서든지 마음을 보듬어주고 따뜻하게 감싸주는 사람은 많은 사람을 변하게 만들기 마련이다.

마음의 온도는 언어에만 해당되는 것은 아니다. 책도 마찬가지다. 차가운 온도를 가진 책이 있고, 따뜻한 온도를 가진 책이 있다. 차가운 마음을 가진 사람이 쓴 차가운 온도를 가진 책이 인생에 미치는 영향력은 어떠하겠는가?

▤ 배우는 사람, 성장하는 사람

취업과 동시에 대학에 진학했지만 학교에는 가본 적이 없던 사람이 있다. 다만 도서관에서 수많은 책을 읽으면서 공부했다고 이야기하는데 강의에 출석하지 않아도 졸업시험만 치르면 학위를 받을 수 있던 시대였기에 가능했었는지도 모른다. 어쨌거나 그는 일하던 사무실 맞은편의 공립도서관에서 독일어와 영어를 배웠고 닥치는 대로 책을 읽었다. 3, 4년 주기로 경제학, 통계학, 역사학 등을 가리지 않고 공부하며 지적 범위를 넓혀나갔다. 현대 경영학의 창시자라고 불리는 피터 드러커의 이야기다.

그에게 독서는 새로운 분야를 탐구하고 그에 걸맞은 결과물을 삶에 녹여내는 과정이었다. 신문기자, 교수, 작가인 그는 "어떤 일에서든 전문가로 인정받고 싶다면 끊임없이 책을 읽고 새로운 주제를 공부해야 한다."라고 말한 바 있다. "기업 경영의 중심에는 고객이 있어야 하며 근로자는 비용이 아닌 자산으로 인식해야 한다."라고 주장하였던 그는 저서 『피터 드러커 : 나의 이력서』에서 "대학 강의보다는 도서관에서 대학 교육을 받았다고 생각한다."라고 말했다.

독서는 쉽고 간단하지만, 시간과 비용 대비 최적의 효과를 볼 수 있는 공부법이다. 일부러 시간을 내서 학원에 가거나 입학할 필요도 없다. 빈칸을 채워 넣거나 객관식 시험을 치르기 위해 스트레스받을 필요도 없다. 컨디션이 좋지 않을 때는 쉬어갈 수 있는 여유도 부릴 수 있어 부담도 없다. 체계적이고 유용한 정보를 얻을 수 있으며 깊이 생각할 수 있는 지혜도 얻을 수 있다.

그러나 독서가 가진 장점이 비단 '좋은 습관'이나 '풍부한 지식 습득'만은 아니다. 넬슨 만델라는 정부의 인종차별정책(Apartheid)에 반대해 사상범으로 몰려 27년간 옥살이를 했다. 당시 감옥에서는 흑인 죄수가 책을 읽는 것을 허락하지 않았다. 넬슨 만델라는 책을 보게 해달라는 투쟁을 벌인 끝에 감옥 도서관을 세우게 되는데, 감옥에서 그리스 희곡을 읽기 시작하면서 '인간은 악한 존재가 아니라 약한 존재'라는 사실을 깨닫고 훗날 남아프리카 공화국 초대 흑인 대통령이 되어 민족적 영웅이 되었다. 강한 신념으로 인종차별 문제를 해결할 수 있었던 그의 마음은 감옥에서 시작한 독서로 만들어진 셈이다.

세계적인 베스트셀러 『호모데우스』의 저자이며 예루살렘 히브리대학교 역사학 교수인 유발 하라리는 "일단 등장한 문화는 끊임없이 변화, 발전했는데 그 멈출 수 없는 변화를 역사라고 부른다."라고 이야기했다. 그는 16세기에서 18세기에 걸친 아프리카 노예와 관련된 역사적 사건이 현시대에는 백인 우월주의의 형태로 변형되었고, 결국 짐 크로 법(Jim crow Laws)과 규범으로 제도화되었다고 이야기한다. 시간이 흐르면서 인종차별은 점점 더 많은 영역으로 퍼져 나갔는데 당연시되는 인종차별의 역사를 '우연히 발생한 질서에 불과한 상상의 위계질서'라고 비판하며 잘못된 정보의 오류를 바로잡기 위해서는 반드시 역사를 배워야 한다고 강조한다.

역사를 배우는 일은 마음의 흐름이 어떻게 흘러갔는지를 배울 기회다. 마음이 깊고 강한 사람들이 남긴 족적을 선으로 연결하면 역사가 된다. 그리고 그 역사를 가장 세밀하고 깊이 있게 기록한 책은 시간이 흘러 고전이 된다. 독서가 단순히 좋은 취미로 끝나서는 안 될 이유다.

괴테는 "사람이 무언가를 이루려면 우선 무언가가 되어야 한다. 무언가 위대한 것을 이루려면 그 전에 자신의 교양을 높이 쌓

아야 하는 법이고, 그 길을 가는 가장 빠른 방법이 바로 독서다."라
고 이야기했다.

▤ 쉽게 흔들리는 사람, 심지가 굳은 사람

사람의 마음은 자주 흔들린다. 두려운 일을 만나면 두려움에
빠지고, 힘든 일을 만나면 고통 속에 빠진다. 그런 마음들을 치유
할 수 있는 길이 대화와 독서에 있다. 시대를 뛰어넘는 위대한 책
들을 선별해서 읽다 보면 사람의 마음을 깊이 에워싸는 문장들을
발견하게 된다. 그 문장들 속에는 강하거나 따뜻한 마음의 세계가
있다.

첫째아이에게 속싸개를 입힐 때 일이다. 누에고치처럼 옷에
돌돌 말려 누워 있는 아이가 불편해 보여 팔을 빼냈더니 의사선생
님이 다시 팔을 안으로 집어넣고 돌돌 말면서 이야기해주셨다.

"신생아는 속싸개 밖으로 팔을 꺼내면 팔을 써본 적이 없어서
무척 불안해합니다. 돌돌 감아야 엄마 배 속에 있는 것처럼 편안
하게 느끼거든요. 한 달 정도는 이렇게 말아두어야 아이가 잠도
잘 자고 젖도 잘 먹습니다."

신생아가 속싸개에 싸여 있어야 엄마의 배 속에 있는 것처럼

편안함을 느낄 수 있듯이, 사람도 따뜻하고 안정된 마음의 집이 지어졌을 때 비로소 편안함을 느낄 수 있다. 그래서 따뜻하고 안정된 마음의 집은 비바람이 불고 태풍이 몰려와도 따뜻함을 느낄 수 있도록 아주 견고하고 튼튼하게 지어져야 한다.

독서는 그러한 마음의 집을 짓는 과정이기에 어떤 마음이 담긴 책을 만나느냐에 따라 배울 수 있는 세계가 넓어지기도, 좁아지기도 한다. 오랜 세월 동안 사람들이 읽은 책에는 무한한 지혜가 숨겨져 있다.

한동안『수호지』에 푹 빠졌는데 무협지는 읽지 않는 줄 알았던 아내에게 "출간되어 500년이나 읽힌 무협지라면 충분히 읽을 만한 가치가 있다."고 이야기했다. 아닌 게 아니라『수호지』에 숨겨진 지혜가 얼마나 크고 놀라운지 알 수 있었다. 다음은『수호지』의 한 장면이다.

> "듣자 하니 천자께서는 자네를 뽑아 양산박으로 보낸다더군. 내 자네에게 특히 할 말이 있어 불렀다네. 어디를 가든지 조정의 기강을 잃게 하고 국가의 법도를 어지럽히는 일이 있어서는 아니 되네.「논어」에 '부끄러움이 무엇인지를 알아 어디로 가든지 임금을 욕되게 하지 않는 자라야 사신이라 이를 수 있다'라는 말이 있음을 자네도 들었을 것이네."

"예, 명심하겠습니다."

채 태사가 양산박으로 떠나는 전전 태위 진종선에게 조서를 보내며 나눈 대화다. 태위와 태사의 격식 없는 대화 장면이지만 격식 있고 수준 높은 고전의 작품성을 엿볼 수 있는 대목이기도 하다.

『수호지』는 중국 명나라 초 나관중이 쓴 장편소설로 흔히 중국의 4대 기서 중 하나로 알려져 있으며 마오쩌둥이 즐겨 읽었던 책으로도 유명하다. 『삼국지』와 『수호지』는 중국을 대표하는 무협소설이다. 초대 두령이자 선봉장이던 조개가 화살에 맞아 죽은 뒤 선봉장의 자리를 이은 송강, 그리고 함께 양산박을 이끌던 도두 흑선풍 이규, 노지심 등과 함께 108명의 호걸들이 부패한 조정과 그 무리를 이끌어가는 관료 세력들에 대항하며 양산 지역에 그들만의 집결지를 만들어 부정을 척결하고 의를 행한다는 이야기가 대강의 줄거리다. 의리와 형제애로 뭉친 호걸들의 터 양산박은 간신배들의 계략에 의해 송강과 이규가 독살당한 뒤 하나하나 뿔뿔이 흩어지면서 꽃잎처럼 사그라지며 장엄한 대서사시의 끝을 맺는다. 4대 기서 중 하나라고 불리지만 필체가 거칠고, 도적 떼들이 영웅시된다는 점에서 비판적인 시선의 독자들도 더러 있다.

어떤 면에서 수호지의 이야기는 현시대를 살아가는 우리와 맞지 않는 부분들이 있다. 시대적 배경 탓도 있고, 사람을 쉽게 죽이고, 작은 충돌에도 분을 이기지 못해 거칠게 말하며, 자갈과 모래 혹은 종잇조각으로 만든 인형에 짐승의 피를 뿌려 구름과 비를 일으키는 따위의 졸한 계략으로 전쟁을 일으키는 이야기들은 초연결 시대를 살아가는 지금은 잘 이해할 수 없는 구전신화처럼 느껴진다. 특히 인신매매와 인육을 먹는 장면들은 4대 기서에 들어간 책의 내용이라고 하기엔 이해가 되지 않는 잔인한 이야기에 불과하다.

하지만 108명의 호걸들에게는 공통점이 있다. 첫 번째, 다양한 직업과 높고 낮은 사회적 계층이 있음에도 하나같이 인생에서 실패를 맛본 사람들이라는 점. 두 번째, 혼란스러운 세상을 등지고 그들만의 세계 속에서 서로에 대한 존중과 우애로 하늘(천자)의 명을 기다리는 점. 마지막으로 사람됨이 호걸이며 혼자서 만 명을 능히 상대할 만한 인물이라고 생각되면 귀양길 떠나는 죄인이라도 허리를 굽혀 예우를 갖추고 형제의 연을 맺는다는 점. 속세를 떠나 근신하고 훈련하는 삶이라는 점에서 현시대를 살아가는 우리에게도 많은 교훈을 전한다.

500년 전『수호지』속 인물들이 우리에게 전해주는 이야기는 세상과 인연을 끊고 산속으로 들어가라는 현대판 양산박으로의 귀환이 아니다. 역사 속 인물들의 삶을 통해 우리가 추구해야 할 삶의 모습을 뒤돌아보라는 의미일 테다.

　"궁수는 화살이 빗나가면 자신을 돌아보고 자기 안에서 문제를 찾는다."라고 말한 길버트 알랜드의 이야기처럼 독서는 나를 돌아볼 좋은 기회를 제공해준다. 마음을 새롭게 다질 수 있는 호기로움을 선사하는 것이 독서의 진짜 목적이다.

02

초성장 독서를 위한 추진력은
간절함에서 온다

초등학교 6학년 때 함께 어울려 다니던 친구가 있었다. 그 친구는 키가 작고 꾀죄죄했지만 돈이 많았다. 대부분의 아이 용돈이 500원에서 많아봤자 1,000원이던 당시, 그 친구는 지갑에 항상 만 원짜리 한두 장을 가지고 다녔다. 오락실을 가도, 동네 슈퍼에 불량식품을 사 먹으러 가도, 뭘 해도 그 친구가 돈을 냈다. 어린 마음에 부잣집 아들이겠거니 생각했다.

그 친구의 어머니는 무당이었다. 아버지는 알코올 중독자였는데 시골에서 혼자 살고 계신다는 이야기를 들었다. 가족을 소개하는 글을 써오라는 선생님의 숙제에 그 친구는 커다란 도화지 한 장에 아버지와 엄마 사진을 잘라 붙여 가지고 왔다. 알록달록 예쁜 색종이를 붙여 가족사진과 글을 써온 아이들과는 대조되었다. 사진 속 그의 아버지는 술에 취한 얼굴이었고 어머니는 한복을 입고 있었다.

내가 초등학생 때 그 친구 집에 전화를 걸 때면 항상 친구 어머님이 전화를 받으셨다. 한 번도 밝은 목소리로 전화를 받은 적이 없지만, 내가 친한 친구라고 소개하면 어머님의 목소리는 금세 달라지곤 했다.

"안녕하세요, 준우라고 합니다. 재호 집에 있나요?"

"그래, 준우구나. 잠시만 기다리렴."

나이가 들면서 나는 그때 친구 어머니와 아버지가 가지셨던 마음의 상처를 많이 생각하게 되었다. 갑작스러운 신내림, 아내의 신기, 어린 아들. 인간의 힘으로 이겨낼 수 없는 수많은 고통과 상상할 수 없는 인고의 시간을 버텨내야만 했던 그분들의 삶을 생각해보면서 어떤 마음과 정신을 가지고 인생을 살아가는 게 올바른 삶인지 돌이켜보게 된다.

📋 죽음의 두려움은 간절함을 동반한다

때때로 우리는 현실에 닥쳐오는 어두움의 벽과 그늘이 너무 크고 넓어서 많은 것을 잊어버리고 살 때가 있다. 따뜻한 위로의 말을 해주는 사람도, 현실을 이겨나갈 힘도 없어 그저 버티는 것이 최선인 것처럼 느껴질 때도 있다. 언제까지 이렇게 살아가야 하는 것일까, 하는 생각에 울적해질 때도 있다. 그럴 때마다 나는 그 친구와 그의 어머니, 아버지를 생각하며 다시금 마음을 돌이키는 기회를 가져본다. 그들에게 평범한 삶이란 그저 오순도순 둘러앉아 따뜻한 저녁밥을 함께 먹는 일이 아니었을까. 어쩌면 우리가 이야기하는 평범한 일상조차 그들에게는 간절함 절실함이었는지도 모르겠다.

간절함은 한계에 도전할 수 있는 마음을 만들어주는 기회다. 결코 거절할 수 없는 조건이나 피할 길 없는 상황을 만나게 되면 누구나 간절한 마음이 생긴다. 독서에서도 간절함이 필요한 이유다. 의자에 멍하니 앉아 책을 읽는 사람도 있지만 작가는 그렇게 책을 쓰지 않는다. 필력은 이마에 피가 맺히는 노력을 통해서만 성장하는 법이다. 그리고 그 노력은 간절함이라는 이름으로 한 권의 책을 쓰게 만든다. 서점에 빽빽하게 꽂혀 있는 수많은 책은 작가의 그러한 탁월함의 결과물이다. 그렇게 쓰인 책을 아무런 간절함 없이 읽는다면 작가에 대한 모독이 아니고 무엇이겠는가?

내게도 그런 간절한 순간이 있었다. 아내가 첫째아이를 임신하고 얼마 되지 않았을 때, 아내에게서 전화가 왔다.

"산부인과에 갔는데, 아기 심장 박동 소리를 들었어."

죽은 생명은 흙으로 돌아가고 모든 기억은 사라져 잔재만 남는다. 하지만 심장이 뛴다는 건 살아있다는 말이다. 생명은 살아있어야 의미가 있지 않은가.

아프리카 해외 봉사활동을 다녀온 뒤 나는 한 번도 죽음이 두렵지 않았다. 인간의 한계를 뛰어넘는 재능과 신체적 강인함을 가지고 태어났음에도 한평생 판잣집에서 살아가는 아프리카 사람들을 보며 불가능이란 단어를 머릿속에서 완전히 지워버렸다. 행복하고 가치 있는 순간들로 내 삶이 채워진다는 기쁨에 젖어 죽음도 두렵지 않았다. 그런데 아이가 생기고 나니 처음으로 죽음이 두려워졌다. 그때부터 어려움을 어려움으로만 생각하지 않는 마음이 생겼다.

절실함과 간절함은 반드시 어려움을 동반한다. 그러나 그 어려움은 절실한 어떤 일, 간절한 일을 이루기 위해서는 반드시 필요하다. 어려움이 싫다는 사람이 많은데 나 또한 이해한다. 누구나 어려움을 피하고 싶어 하니까 말이다. 그러나 어려움을 피하려는 사람들에게 기회는 좀처럼 찾아오지 않고 행복 또한 찾아오지 않는다. '이 사람의 인생에는 내가 쉴 틈이 없다'라고 생각하는지도 모른다.

▤ 더 이상 가난하게 살지 않겠다

아버지의 사업 실패로 가난을 경험하게 된 소년이 있었다. 명문 전주고를 졸업하고 명문대학에 입학했지만 늘 배가 고팠다. 형님과 누님이 아르바이트로 학비를 대며 공부를 시켰지만 평소 친하게 지내던 선배의 "가난한 사람은 가난한 이유가 있다."라는 조언이 가슴에 대못을 박았다.

그 순간 아무리 노력해도 가난의 굴레에서 벗어날 수 없겠다는 생각이 그의 발목을 붙잡았다. 하지만 곧 "반드시 성공하고 말겠어. 더 이상 가난하게 살지 않겠다."라고 생각을 바꿨다.

자신의 전공을 최대한 살려 그 분야의 전문가가 되고, 기울어진 가업을 반드시 일으켜 세우겠다고 다짐했다. 20년 뒤의 인생 목표까지 기록해가며 전진하기로 다짐했다.

그는 동국대 경영학과를 졸업한 뒤 현대그룹 공채에 합격해 증권분석가가 되었다. 근로자주식저축을 통해 투자금 1,300만 원을 2억 원으로 만들었다. 그렇게 모은 자본금을 벤처사업에 투자해 10배 가까운 순이익을 만들어냈다. 37살이던 2001년에는 상장 기업이던 회사를 인수했고, 6년 만에 회사 규모를 10배로 키워내며 플랜트 업계 최고의 기업으로 성장시켰다. 중소벤처기업진흥공단 이사장이며 국회의원인 이상직 의원의 이야기다.

"왜 생소한 분야에 뛰어들었느냐고 묻는 분들이 있습니다. 특정 분야가 성장할 것이란 판단이 들면, 저는 덤벼듭니다. 익숙한 분야냐 아니냐 하는 것보다 전체적인 트렌드가 어느 분야로 가느냐 하는 것이 더 중요합니다. 결정을 하지 못하고 머뭇거리는 리더는 책임지겠다는 의지가 없는 사람입니다. 그런 사람은 리더 자리를 내놔야 합니다."

초성장을 향해 나아가는 강력한 추진력은 절실함에서 나온다. 예외는 없다. 간절함과 절실함 없이는 누구도 강한 추진력을 낼 수 없다. 이상직 의원은 삶의 철학을 오직 된다는 성공의 확신, 그리고 온리원(Only one) 전략을 꼽았다. 한 분야에서 최고가 될 수 없다면 각자의 분야에서 최고의 자리에 오르면 된다는 게 그의 성공전략이다. 그 중심에는 '가난하게 살지 않겠다'는 간절함이 있었다. 초성장의 원동력이다.

간절한 마음에 바탕을 둔 초성장 독서 또한 강한 힘을 가지고 있다. 마음의 세계를 넓혀, 내 안에서 벗어나 다른 사람의 말을 들을 수 있는 마음을 만들어준다. 작은 시작을 통해 큰 변화를 일으키는 기회가 만들어진다. 간절함이 없으면 작은 문제에 쉽게 휘말린다. 독서는 둘째 문제다.

백지에 작은 점을 하나 찍으면 점에 시선이 집중되어서 백지가 보이지 않지만 사실 백지 찍힌 점 하나일 뿐이다. 어떤 관점을 가지고 점을 바라보느냐에 따라 의미와 가치가 달라진다. 그래서 점에 집중하는 사람은 쉽게 절망이나 가벼운 기쁨에 빠지고, 백지에 집중하는 사람은 더 많은 기회를 발견하는 힘이 있다. 독서는 마음의 세계를 넓히는 과정이기 때문에 백지에 집중할 힘을 준다. 내 안에서 벗어나 다른 사람의 소리를 들을 수 있는 마음을 만들어준다. 작은 시작에서 큰 변화를 만들 기회가 독서다.

인생은 무수한 점으로 찍혀 있고 그 점의 의미는 모두 다르다. 기쁨의 점이 찍혀 있는 경우도 있고, 슬픔의 점이 찍혀 있는 경우도 있다. 분명한 건 인생이 한두 개의 점으로만 이루어져 있는 게 아니라는 사실이다. 무수히 많은 슬픔의 점이 찍혀 있을지라도 마지막에 기쁨의 점이 깊게 찍히면 슬픔의 점은 기쁨의 점에 묻혀 사라진다. 행복의 점이 찍히면 역시 슬픔의 점은 힘을 잃고 하나의 점으로만 기억에 남는다.

많은 사람이 슬픔의 점에 집중해 하루하루를 산다. 슬픔의 점에 마음이 집중되면 간절함이 찾아오기 힘들다. 인생에 존재하는 수많은 점 중에서 굳이 슬픔의 점, 고통의 점, 아픔의 점에 집중할 필요가 있을까? 행복의 점, 소망의 점에 마음을 집중하면 간절함은 엄청난 힘을 내며 삶을 이끌어간다. 삶에서 초성장을 이룬 사람들의 공통적인 특징이다.

　때때로 생각을 전환해야 할 때가 있다. 우리 생각은 항상 옳지 않고, 옳지 않은 경우가 더 많다. 슬픔과 아픈 생각에 마음을 집중하지 말고 행복의 점, 인생에 찾아오는 기쁨과 소망의 점에 마음을 집중하면 상상할 수 없는 크기의 간절함을 통해 소망스러운 삶을 만들어갈 수 있다.

03

삶을 변화시키는 사색

앞에서 뉴턴의 탁월함을 이야기하며 잠시 언급한 바 있는 바 칼로레아는 프랑스의 논술형 대입자격시험이다. 한국의 수능시험 과 수준이 비슷함에도 탁월한 사색을 요구한다는 점에서 세계적 인 권위를 가지고 있다.

국제 바칼로레아(International Baccalaureate, IB)는 1968년 스위스 제네바에 설립된 초·중등 과정의 교육 기관으로 3살부터 19살까 지의 학생들에게 3가지의 교육 프로그램을 제공한다. 경기 외고 를 비롯해 일부 국제·외국인학교 등 11개 학교가 IB를 도입했으 며, 제주도교육청과 대구시 교육청이 국제 바칼로레아 한국어화

추진을 확정했다고 밝혔다. 75개국에 걸쳐 2,000곳이 넘는 대학교에서 인정하는 바칼로레아의 타당성과 방향성에 이견을 다는 사람은 거의 없다. 과연 바칼로레아의 어떤 점이 권위를 만든 것일까?

▦ 바칼로레아와 조선시대 과거시험

아래 지문은 프랑스 바칼로레아 시험 문제의 일부분이다.

- 철학이 세상을 바꿀 수 있는가?
- 재화만이 교환의 대상이 될 수 있는가?
- 행복은 단지 스치고 지나가는 것인가?
- 과학적으로 증명된 것만을 진리로 받아들여야 하는가?

국제 바칼로레아가 민간 비영리 교육기관에서 50여 년간 개발하고 운영한 기관이라는 점에서 프랑스 바칼로레아(FB)와는 전혀 다른 시험이긴 하지만, 유럽의 선진교육과정을 종합한 뒤 가장 철학적 사색을 필요로 하는 내용만을 추려서 만든 시험이라는 점에서 국제 바칼로레아와 프랑스 바칼로레아의 공통점은 많다. 창의적이면서 비판적으로 사고하게 만든다는 점, 정답보다 의견을 더 중요하게 생각한다는 점에서 바칼로레아는 무엇보다 '생각하는 사람'을 만든다.

물론 바칼로레아만이 정답은 아니다. 조선시대 과거시험은 43만 자의 한자를 외워야 비로소 응시할 수 있었고 시험 과목도 문학과 역사, 철학에 관한 것이었다. 그마저도 국제 바칼로레아의 문제만큼 철학적인 사색을 요구하는 문제들이 많았다. 교육에서만큼은 한국도 바칼로레아 못지않은 우월한 역사를 가지고 있다. 조선시대 때는 왕이 누구인가에 따라 과거시험 문제도 달라졌다.

「세종」

- 인재를 어떻게 구할 것인가?
- 법의 폐단을 고치는 방법은 무엇인가?
- 노비 또한 하늘이 내린 백성인데 그처럼 대대로 천한 일을 해서 되겠는가?

「명종」

- 교육의 가야 할 길은 무엇인가?
- 나라를 망치지 않으려면 왕은 어떻게 해야 하는가?

「광해」

• 지금 가장 시급한 나랏일은 무엇인가?

• 섣달 그믐밤의 서글픔, 그 까닭은 무엇인가?

• 지금 이 나라가 처한 위기를 구제하려면 어떻게 해야 하는가?

광해가 제시한 문제 중 '섣달 그믐밤의 서글픔'에는 어떤 답을 적어야 할까? 쉽게 대답하기 어렵다. 섣달 그믐밤이 의미하는 바를 명확하게 짚어내지 못하면 엉뚱한 대답을 하게 되기 때문이다. 아래는 광해군 당시 이조판서, 예조판서를 역임한 문신 이명한이 내놓은 대책문의 일부다.

> 인생은 부싯돌의 불처럼 짧습니다. "밝음은 어디로 사라지고 어둠은 어디에서 오는 것인가? 잠깐 사이에 세월은 흐르고 그 가운데 늙어 가는구나!" 한 것은 바로 위응물(韋應物)의 말입니다. 뜬구름 같은 인생이 어찌 이리도 쉽게 늙는단 말입니까? 하루가 지나가도 사람이 늙는데, 한 해가 지나갈 때야 말할 것도 없습니다. 네 마리 말이 끌듯 빨리 지나가는 세월을 한탄하고 우산(牛山)에 지는 해를 원망한 것도 유래가 오래되었습니다.

조선시대의 시험은 지금의 국제 바칼로레아와 비교해도 전혀 손색이 없을 정도로 수준이 높고 창의적인 문제가 많다. 그만큼 사색할 기회가 많았고, 그에 따라 다양한 관점에서 문제를 해결할 수 있는 노력이 역사 속에서 지속되어 온 것을 발견할 수 있다.

근현대사를 되짚어볼 때 창의적이고 비판적인 사고력과 논술, 토론으로 무장된 수준 높은 교육이 사그라졌던 데에는 일제의 우민화 정책이 가장 큰 이유지만, 그로 인해 두뇌를 변화시킬 만한 꾸준한 독서 습관이 자리 잡지 못한 것도 다른 이유 중 하나일 것이다. 어쩌면 진중한 독서 습관을 기르는 것이야말로 창의적이고 비판적인 사고력을 키우는 데 최적의 방법이 아닐까? 한 번쯤 생각해볼 만한 문제다.

▤ 사람들은 왜 생각하지 않는가

다음은 최근에 읽은 책 중에서 발견한 질문들이다.

1. 평등한 사회는 누구에게나 열려 있어야 하는가?
2. 화성에 생명이 없다면?
3. 정부는 온실가스와 탄소배출의 제한량을 정하고 이를 초과

하는 기업에게 벌금을 부과해야 할까? 아니면 오염권 거래 제도를 도입해야 할까?

4. 역사에는 방향성이 있을까?

쉽게 답할 수 없는 질문들이다. 각각 다음의 책에서 발견한 질문들이다.

1. 『스웨덴의 저녁은 오후 4시에 시작된다』
2. 『코스모스』
3. 『돈으로 살 수 없는 것들』
4. 『사피엔스』

다음 문제는 2019년 6월 치러진 지방공무원 9급 필기시험 국어시험 17번 문제다.

문 17. 다음 [   ] 속에 들어갈 말로 가장 적절한 것은?

방랑시인 김삿갓의 시는 해학과 풍자로 가득 차 있는데, 무슨 시든 단숨에 써 내리는 一筆揮之인데다 가히 [   ]의 상태라서 일부러 꾸미지 않았는데도 자연스럽고 아름답다.

① 花朝月夕 ② 韋編三絶 ③ 天衣無縫 ④ 莫無可奈

나는 답을 모른다. 죽을 둥 살 둥 준비해서 시험을 치른 응시생들조차 '매우 지엽적'이라고까지 표현했다고 한다. '지엽적'의 사전적 의미는 '본질적이거나 중요하지 아니하고 부차적인, 또는 그런 것'이다. 혹은 '본체에서 갈라져 나간 주요하지 않은'이란 뜻도 있다. 응시생의 변별력을 키우기 위한 시도였는지 모르지만 엉뚱한 곳에서 정답을 찾아야 하는 수고를 해야 했다. 문제는 이런 지엽적인 시험문제가 실제로 공공기관에서 근무하는 공무원들로 하여금 효율적인 업무성과를 위한 적절한 역할을 할 수 있는지 판가름할 수 있는 부류의 문제가 될 수 있느냐는 것이다.

어렵게 9급 공무원이 된 대학교 친구 하나는 6개월 만에 일을 그만두고 작은 사업을 운영하고 있다. 다른 친구 한 명은 "퇴직금만 아니면 진작 때려치웠다."라고 이야기했다. 단점보다 장점이 많기 때문에 수많은 사람이 공무원 시험에 응시하겠지만 그들의 이야기를 듣다 보면 공무원 시험에서 합격한다 해도 나라를 위해 대단한 일을 할 수 있는 건 아니겠다는 생각이 절로 든다.

인생은 끊임없는 질문과 대답을 찾아가는 과정이다. 일본의 소니 컴퓨터사이언스 연구소 수석 연구원 모기 겐이치로는 그의 저서 『좋은 질문이 좋은 인생을 만든다』에서 "머리가 좋은 사람은 자신에게 질문한다."라고 이야기한다. 인생에는 꼭 절대적인 정답만 존재하지 않기 때문에 끊임없이 질문하고 답을 찾아가는 과정이 필요하다는 말이다.

우리의 인생에도 바칼로레아가 필요하다. 바칼로레아처럼 생각하고, 답을 찾기 위한 과정이 필요하다. 독서는 나에게 질문을 던지기 위한, 가장 좋은 인생 바칼로레아 과정이다. 질문하는 사람은 자신의 부족함을 깨닫고, 다른 사람의 말에 귀 기울여 듣는 힘이 생긴다. 끊임없이 배울 힘이 생긴다.

▤ 용기가 필요한 독서의 힘

세상의 모든 창조적인 결과물들은 용기에서 비롯되었다고 감히 이야기하고 싶다. 창의력이 뛰어난 사람들이 창조적인 결과물을 만드는 것도 사실이지만 무엇보다 분명한 확신과 믿음의 자세로 부담을 뛰어넘고 도전한 사람들을 통해 긍정적인 결과물들이 나오는 경우가 더 많지 않을까.

독서는 나와의 싸움이다. 수많은 부담과 어려움을 뛰어넘고 도전한 사람만이 얻을 수 있는 귀중한 결실이다. 주변 사람들의 말에 일희일비할 필요는 없지만, 용기를 전해주는 사람들과 마음을 가까이하며 긍정적인 조언을 귀담아듣는 일은 무척이나 중요하다. 용기를 주는 사람이 우리 주변에 많으면 마음을 가다듬을 기회를 많이 얻게 된다. 마음을 거만하게 높일 필요는 없지만, 내게 용기를 주는 사람들이 있다는 사실을 잊어서는 안 된다. 내면의 활동이 성실하고 겸손의 힘을 아는 사람들은 다른 사람이 이야기하는 마음의 확신이나 소견에 결코 가타부타 이야기하거나 흔들리지 않는다.

근묵자흑(近墨者黑)은 먹을 가까이하는 사람은 자신도 모르는 사이에 검어진다는 뜻이다. 부정적인 사고방식을 가진 사람들이 주위에 많다면 독서는 무척 어려운 일이 된다. 마음의 깊이가 만들어지지 않은 상태에서는 다양한 창의력을 필요로 하는 어떤 것도 형상화할 수 없기 때문이다. 용기를 빼앗는 주변 사람들의 말에 귀 기울일 게 아니라 탁월함을 추구한 작가의 글에 마음을 열어야 할 것이다.

04
무슨 책을 어떻게 읽느냐보다 중요한 것

　　1931년은 항일독립운동이 시작된 해다. 그리고 엠파이어스테이트 빌딩이 지어진 해이기도 하다. 세계무역센터(WTC)가 설립되던 1973년까지, 40년 동안 세계 최고층 빌딩의 명예를 지킨 엠파이어스테이트 빌딩. 뉴욕의 심장 맨해튼에 86층의 엠파이어스테이트 빌딩이 완공되기까지 걸린 시간은 불과 11개월이었다. 5,700t에 달하는 콘크리트 빔과 철골, 67대의 초고속 엘리베이터, 6,400개에 달하는 창문을 설치하는 데 고작 6개월밖에 걸리지 않았다는 것도 믿기 힘든 사실이긴 하지만 무려 19만 5,000m²에 달하는 1개 층을 완공하는 데 하루 반나절[1.4일]밖에 걸리지 않았다는 사실은 엠파이어스테이트가 갖는 역사적 의미만큼이나 수준 높은 사고와 빠른 실행력이 얼마나 중요한 것인지를 알게 해준다.

▤ 실행의 힘

'리더십'을 가진 사람들에게는 계획을 현실화시키는 시간이 굉장히 짧다는 공통점이 있다. 옳다고 확신하는 계획에 집중해 빠른 시간 내에 현실화시키는 능력이 그들 대부분에게 존재했다.

주변을 둘러보면 그런 사람이 많다. 실패를 두려워하지 않는 담대함, 굉장히 빠른 실행력으로 문제를 헤쳐나가며 초성장한 사람들이 있다. 시애틀의 천재 아마조니언(Amazonian)과 셰릴 샌드버그(Sheryl sandberg) 같은 사람들을 이야기하는 게 아니다. 나와 조금 다른 세상에 살고 있는 사람들이 아닌, 작은 실행력을 가진 사람들은 우리 주변에도 많다.

내가 아는 어떤 사람은 작은 공공기관에서 근무하다 글로벌 통신사업을 시작해 3년 만에 월 평균소득만 1억 원에 육박하는 성공한 사업가가 되었다. 그는 내게 간절함을 바탕으로 한 빠른 실행력만 있다면 누구나 초성장을 이룰 수 있다고 했다. 어떤 사람은 대학교 3학년이던 24살 때 무역회사를 창업했다. 그림판으로 만든 회사 소개서, 볼펜으로 그린 의류 디자인 초안으로 옷을 만들어 해외시장에 내놓았는데 2년 만에 연 100만 장 이상을 수출하는 중소기업으로 성장했다. 25살 때 그의 연봉은 9억 원이었다.

초성장은 사업에만 존재하는 건 아니다. 대학교에 다닐 때 친하게 지내던 한 친구는 굉장히 마른 체구였는데 "나도 운동 한 번 해볼까?" 하더니 이듬해 아마추어 보디빌딩 대회에서 상을 타왔고, "나도 영어공부 좀 해볼까?"하고 영어공부를 시작하더니 400점에 불과하던 토익점수를 6개월 만에 900점까지 올렸다. 그러다가 갑자기 연락이 안 되서 무슨 일이 생겼나 걱정하고 있는데 뒤늦게 연락이 닿았다. 경찰공무원 준비를 한 번 해볼까 싶어 휴대폰을 꺼놓고 하루에 12시간씩 공부하느라 연락이 안 되었던 거다. 그 친구는 지금 순경이 되어 '집 근처 파출소'에서 근무하고 있다.

무엇을 어떻게 하느냐보다 중요한 것은 '실행'이다. 아무리 좋은 아이디어나 계획을 구상하더라도 실행이 뒤따라주지 못하면 아무런 의미가 없다. 독서도 마찬가지다. 인문고전이 어떻고 서울대 추천도서가 어떻고 아무리 이야기해도 당사자가 읽지 않으면 그만이다. 하루에 1권이든, 일주일에 1권이든, 한 달에 1권이든 먼저 읽어야 한다. 실패할 수도 있고 어려움을 겪을 수도 있다. 하지만 내 경험상 그 실패와 어려움의 시간은 결코 길지 않다. 관건은 꾸준함이다.

대부분 사람은 '독서법'이라고 하면 뭔가 탁월한 기술이나 능력을 제시할 것이라 생각하는데 결코 그렇지 않다. 독서법은 어디까지나 적절한 방법을 제시하는 방법론에 불과하다. 시중에는 독서법과 관련된 많은 책이 나와 있다. 그러나 마음을 정해 읽지 않으면 어떤 독서법도 완벽한 길잡이 역할을 해줄 수 없다. 완벽한 독서법을 찾기 위해 여기저기 기웃거리는 것보다 지금 바로 책상 위에 있는 책을 읽는 게 중요하다. 변화는 그때부터 시작되기 때문이다.

▤ 긍정의 힘

속담은 선조가 살아오면서 겪은 성공과 실패의 경험을 압축시킨 문장이다. 어른이라고 불리기 시작하던 시점부터 오래된 전래동화나 속담이 결코 허황된 사실이나 듣기 좋은 교훈을 전달하는 매개체가 아님을 발견했다. 모든 속담에는 결코 허투루 낭비할 수 없는 인생의 미묘한 진리가 숨어 있다.

돌다리도 두들겨보고 건너라는 말은 '아무리 튼튼해 보이는 돌다리라도 무너질 수 있다'라는 말이지만 그 속에는 '항상 겸손함을 잃지 마라'는 의미가 함께 포함되어 있다. 허허 웃어도 빚이 천

냥이라는 속담은 '겉으로 표현하지 않을 뿐 누구나 말할 수 없는 마음의 상처와 고통이 있다'라는 의미다. '천리길도 한 걸음부터'라는 속담은 '무슨 일이든 처음부터 크고 좋은 결과를 기대하며 발걸음을 내딛기보다는 작은 발걸음을 시작으로 하나하나 수순을 밟아나가라'는 의미다. 속담에 담긴 진리로 긍정의 힘을 강화할 수 있다.

언젠가 공부법에 관련된 책을 읽은 적이 있다. 저자 한재우는 서울대학교 법학과를 졸업했고 공부법에 관련한 팟캐스트를 운영하면서 틈틈이 책을 썼다. 출판사의 청탁으로 쓴 책이 베스트셀러가 되었으며 이후 방송에도 출연하고 각종 교육기관에서 강의도 진행하고 있다. 모두 『혼자 하는 공부의 정석』이라는 책을 써서 일어난 일이다.

긍정적이고 밝은 분위기의 부모님, 원만한 교우 관계, 스트레스를 최소화하면서 집중력을 끌어올릴 수 있는 능동적인 공부 습관, 집중력이 최상의 결과를 만들어내는 데 일조했을 것이다. 그럼에도 그는 작가 후기에서 '어린 시절 선생님이 만들어주신 노력의 대가가 탁월한 인생을 살 수 있었던 시발점'이었다며, 지금보다 나아지는 자체가 무척 즐거운 일이라는 성공 경험이 지금의 자신을 만들었다고 이야기한다. 긍정적인 기억이 삶 속에 어떤 영향력을 미치는지 확인할 수 있는 부분이다.

하루 몇 장씩이라도 읽어야겠다는 마음을 정하고 시작하지 않는 이상 독서로 별다른 성과를 내기도 어렵다. 그런데 '평범하게 살고 싶지 않다'라는 생각 하나만으로 시작하게 된 꾸준한 독서로 내 삶은 달라졌다. 1년에 300권이 넘는 독서를 할 수 있는 속독 능력이 생겼고, 평범한 직장인이자 실패한 사업가에서 작가가 되었고, 강연가가 되었다. 이 모든 일이 독서에서 시작된 변화였다.

초기값의 미세한 변화로 처음과 완전히 다른 결과값을 제시한다는 나비효과 이론(Butterfly Effect)을 한 번쯤은 들어본 적이 있을 것이다. 능동적 습관으로 말미암은 꾸준한 독서는 나비효과 이론과 같은 결과를 제공한다. 누구나 할 수 있는 일을 꾸준히 반복한 사람에게만 주어지는 독서의 마법은 지금 당장은 부족해 보이는 독서 습관일지라도 누군가에게 완벽한 지혜와 정보를 제공해줄 수 있는 소중한 길이 될 수도 있다.

<6장>

초성장으로 만들어진
내면 들여다보기

01

세상에 영원한 꼴찌는 없다

아내가 아이를 임신했을 때, 친하게 지내는 분이 나에게 "축하한다. 너 닮아서 아이 머리는 좋겠네."라며 축하를 전했다. 나는 학창시절에 상장을 받아본 적이 단 한 번도 없다. 머리가 좋다는 이야기도 들어본 적이 없다. 초등학교 때 내 성적표 대부분은 '양'과, '가'였다. 그나마 체육이 '미'였는데 초등학교 고학년이 되자 그마저도 '양'으로 떨어졌다. 고등학교 3학년 때 알고 지내던 여자애가 있었는데 나에게 "오빠는 머리는 좋은데 공부를 안 해."라는 말이 내가 들어본 '머리는 좋다'의 전부다. 그야말로 꼴찌 중의 꼴찌였다. 그래서 "너 닮아서 아이 머리는 좋겠다."라는 말은 과거를 살

퍼봐도 나에게 어울리지 않는 말이다. 그런데 나이가 들어서 '꼴찌는 어느 분야에나 존재한다'는 사실을 알게 됐다.

▓ 꼴찌의 의미

예전 회사에 다닐 때 친하게 지내던 상사에게서 들은 이야기가 생각난다.

"고등학교 다닐 때 까마귀란 놈이 있었거든. 얼굴도 새카맣고 체구도 작은 녀석이었는데 공부는 또 얼마나 못하는지 반에서 늘 꼴찌를 하던 놈이었어. 하루는 시험을 쳤는데 전 과목 빵점을 맞은 거야. 선생님이 '야, 까마귀. 너는 나중에 커서 뭐 할래?' 하고 물으셨지. 얼마나 답답하셨으면 그런 질문을 하셨겠어. 그런데 까마귀 대답이 가관인 게, 자기는 당구장 사장을 하겠다는 거야. 선생님은 '이놈아, 수학도 빵점 맞는 놈이 손님들 돈 계산은 어떻게 해줄래?'라고 하셨고 반 애들은 웃고 난리가 났지. 그랬던 까마귀가 지금은 부산에서 제일 큰 당구장을 두 개나 운영하고 있어. 한 번씩 만나는데 장사가 그렇게 잘된다고 하더라."

선배의 동창은 학창시절에는 꼴찌였을지 모르지만 어떤 면에서는 분명한 꿈이 있는 사람이었던 거다. 자신이 관심이 없는 분야에서는 꼴찌를 하는 것일 뿐 관심이 있는 분야에서는 탁월함을 가졌을지도 모른다.

"가장 중요한 것을, 가장 중요하게 두는 것이 가장 중요하다." 라는 사라 엘리자베스 루이스(Sarah Elizabeth Lewis) 하버드대학 교수의 말처럼 중요한 것(세상이 중요하다 말하지만 자신은 관심 없는 것)을 중요하게 생각하지 않는 사람이 관련 분야에서는 꼴찌인지도 모른다.

그런 면에서 학창시절 내가 공부와는 거리가 멀었던 이유는 '중요한 것을 중요하게 생각하지 않았기 때문'이 아닌가 싶다. 왜 공부를 해야 하는지, 왜 책을 봐야 하는지 이유가 분명하지 않았기 때문에 노력조차 하지 않았다. 그러다 '중요하다고 생각되는 것을 찾은 시점'부터 그곳에 집중했다. 공부를 잘해서가 아니라 집중할 만한 것을 찾고 그 일에 집중했기 때문에 "너 닮아서 아이 머리는 좋겠다."라는 말을 들을 수 있었던 것이다.

▤ 완벽함보다 중요한 기회

나는 똑똑한 사람이 되기 위해서는 여러 조건이 필요하다고 생각했다. 이를테면 이런 것들 말이다.

- 풍부하고 지적인 예술적 감각
- 뛰어난 집중력과 인내의 자세
- 올바른 가치를 추구하는 정신
- 탁월함을 뛰어넘는 지적 세밀함

그런데 살다 보니 미래를 성장시키는 데 과거의 나태했던 경험이나 학벌이 걸림돌이 될 수 없다는 사실을 깨달았다. 어떤 분야에서든 성공한 사람들은 존재한다. 학창시절부터 공부를 잘했던 사람도 있겠지만 그들은 대부분 나태함보다 지적인 탁월함을 선택했을 뿐이다.

25살에 소프트뱅크에 입사해 2년 만에 비서실장으로 성장한 이력을 가진 일본의 사업가 미키 다케노부의 말에 따르면 대부분의 사람이 성장하지 못하는 데는 6가지 원인이 있다고 이야기한다.

1. 완벽함을 추구하는 계획
2. 공 하나하나에 혼을 담아서 던지는 일구입혼(一球入魂)주의
3. 느슨한 기한 설정
4. 수치로 설정되지 않은 모호한 목표
5. 어중간한 검증
6. 자기 힘으로 해야 한다는 생각

그러고 보면 독서도 마찬가지다. 완벽하게 한 권을 끝마치려 하다 보니 하루 한 권은커녕 한 달에 한 권을 읽는 일도 벅차다. 한 글자 한 글자 놓치지 않고 읽으려는 자세가 독서 자체에 부정적인 인식을 갖게 만들고, 결국 자기성찰이나 계발과는 전혀 상관없는 삶을 살게 만드는 것이다. 나중에는 1년에 몇 권을 읽는다든지, 한 달에 몇 권을 읽는다는 식의 목표도 어중간해지고 어물쩍 넘어가는 식의 독서만 하게 된다.

그에 반해 손정의 소프트뱅크 CEO의 운영방식은 굉장히 합리적이면서 진취적이다. 갓 입사한 신입사원이던 자신에게 "사흘 안에 일만 개의 경영요소를 모아오라."라고 이야기한 손정의 회장과의 일화를 소개하며 그의 일하는 방식의 특징 몇 가지를 이야기한 바 있다. 그가 이야기하는 손정의 회장의 특징은 다음과 같다.

1. 목표에 대한 집착이 매우 강하다.
2. 목표를 달성하기 위해 '온갖 방법'을 시험해본다.
3. 시험해본 방법을 '숫자로 엄밀하게' 검증한다.
4. 언제나 '더 나은 방법'이 있는지 찾는다.

너무 바빠서, 어떤 책부터 읽어야 할지 몰라서, 독서를 좋아하지 않아서 책을 읽지 않는 사람이 많다. 모두 핑계다. 속독이든,

묵독이든, 정독이든 올바른 독서를 위한 첫 번째 비결은 '읽는 것'이나.

누구나 초성장을 이루어낼 '탁월함'이 있다. 그 탁월함이 빛을 보지 못했을 뿐 언제까지나 꼴찌에 머무르는 사람은 없다. 나는 책을 읽으며 조금씩 변화했고, 어느 순간 '나도 작가가 될 수 있을까?' 하는 마음이 들어 책을 썼다. 내가 지금 하고 있는 일, 지금 내가 서 있는 위치에서 잠시 벗어나 조용히 묵상할 수 있는 마음의 틈을 발견하기 전까지는 '왜 독서를 하는가?'의 답을 발견하긴 힘들다.

독서만으로 인생을 바꿀 순 없다. 하지만 탁월함은 키울 수 있다. '더 나은 질문을 던질 수 있는 지적 탁월함' '내면에 충실할 수 있는 겸손의 탁월함' '순수하고 세밀하며 단호한 마음의 탁월함'을 말이다. 그러므로 영원한 꼴찌는 없다.

02

나에게 겸손을 일깨워준 책

아버지, 그 위대한 이름은 집안의 기둥이다. 누구도 부모의 권위를 이야기할 수 없다. 부모라는 이름 안에는 사랑, 소망, 꿈, 능력, 모든 것이 들어 있기 때문이다.

그중에서도 아버지라는 이름은 너무나 위대해 감히 그 존재를 함부로 대할 수 없다. 아버지가 무너지면 가정은 휘청거린다. 아버지의 마음이 어두우면 가족의 마음도 어두워지고, 아버지의 꿈이 사라지면 자식들도 꿈이 없이 자란다. 아버지의 마음에 무엇이 있는가에 따라 가정의 뿌리가 튼튼해질 수도 있고, 가늘어질 수도 있다. 나는 교육기관에서 근무하면서 그런 경험들을 자주 목격할 기회를 얻었다.

교육기관에 근무할 때 일이다. 비쩍 마른 몸에 표정이 어두운 말썽쟁이 학생이 있었다. 처음 만났을 때 그 아이의 문제집에 '세계 최고의 학생'이라고 적어주었는데 그다음부터는 내 말을 잘 들었다.

그 녀석은 누나가 한 명 있었는데 누나는 동생보다 표정이 더 어두웠다. 말도 함부로 하고 행동도 엉망이었다. 언제 철이 들꼬 싶으면서도 안타까운 마음이 들었다.

두 아이의 아버지는 아내와 사별하셨다. 아이들을 위해 재혼은 하지 않겠다며 혼자서 아이들을 키웠다. 비쩍 마른 체구에 말수가 적은 분, 혼자서 아이들의 마음을 잡아주기 힘드셨겠지. 안타까웠다.

또 다른 학생은 아버지가 안 계셨다. 자살하셨단다. 밝은 아이였지만 정신과 치료를 받으러 다닌다고 했다. 그런 일들이 뉴스에서나 볼 만한 일이 아니라는 것을 교육기관에서 근무하면서 많이 느꼈다. 아스라이 먼 나라에서 생긴 일이 아니라 내 주위에서 일어난 일들이다. 당신도 예외일 수 없다. 당신은 마음에 찾아오는 수많은 어려움을 어떻게 이겨내고 있는가?

▤ 삶을 변화시키는 기회

역사는 마음의 흐름을 담고 있어서 기회의 창이라고도 이야기한다. 미래를 볼 수 있기 때문이다. 인문고전 읽기가 유행한 이유이기도 하다. 역사의 반영은 인문고전의 특징이다. 그래서 인문고전은 통찰력으로 가득한 지혜를 선물해준다. 그 중심에는 그 어떤 고전보다 탁월한 성경이 있다. 마음의 흐름을 읽을 수 있는 매우 깊은 지혜가 성경에 있다. 하지만 성경을 깊이 있게 읽고 토론하는 사람을 찾는 일은 어렵다. 기독교에 대한 반감 때문이다.

대부분의 사람이 생각하는 기독교의 모습은 이렇다.

- 잘못된 전도방식
- 목회자들의 타락
- 알아듣지 못하는 방언
- 예수를 닮지 않은 기독교인

언론과 일상에서 이런 문제들을 자주 접한다. 길거리에서 마주치는 수많은 종교인의 모습에서 기독교라는 종교에 강한 불쾌감을 느끼는 사람이 많다. 빨간색 글씨로 섬뜩한 문구를 적어놓은 피켓을 들고 찬송가를 부르는 사람들, 목회자의 금전비리, 성범

죄. 이 모든 문제 때문에 '개독교'라 부르는 사람들도 있다. 그러나 어디까지나 표면의 문제다. 진리와는 구별되어야 한다.

성경에 기록된 교회사는 피의 역사다. 진리를 지키기 위해 생명을 버린 사람들의 이야기가 교회사의 흐름이다. 피 흘린 교회의 역사는 타락하고 무너진 지금의 교회가 전해주지 못한 진리를 이야기하고 있다. 피의 역사를 기록한 성경이 우리에게 이야기하는 말은 결코 목회자들의 타락과 잘못된 종교관, 엉뚱하게 전파되는 예수천국 불신지옥이 아니다.

나는 25살 때 성경을 처음 읽고 지난 10년간 30번 정도 읽었다. 성경에는 1만 권의 책에서 얻는 것보다 훨씬 더 많은 지혜가 있다. 그렇게 성경에서 얻은 지혜로 아이들을 가르쳤다. 내 마음을 그대로 받은 아이들은 놀라운 속도로 성장했다. 19세기 조선의 선비 홍길주가 "세상은 살아있는 책이요, 조물주는 천하의 위대한 문장가다."라고 이야기한 것처럼 성경은 초성장을 하는 데 이 세상에서 가장 탁월한 책이라 할 수 있다. 성경을 읽을 때마다 느낄 수 있는 신비로운 마음은 어떤 책에서도 느낄 수 없는 깊은 울림을 전해준다.

학창시절부터 성경을 꾸준히 읽으면 좋다. 성경을 읽으면서 얻을 수 있는 장점이 의외로 많기 때문이다. 내가 근무하던 대안학교 학생들 중에는 특목고 수준의 빡빡한 일정과 마음을 연단시키는 과정을 통해 어려움을 겪는 학생들도 있었다. 그러나 졸업하고 난 뒤 대부분 학생이 깊은 마음의 세계를 가진 성인으로 성장했다. 성경을 기반으로 한 마음의 교육 때문에 매우 지혜로운 마음을 가진 대학생으로 변한 것이다.

세계적인 고전 중에 신을 이야기하는 경우는 많다. 파스칼의 『팡세』, 존 버니언의 『천로역정』, 아우구스티누스의 『고백록』 같은 책들은 모두 성경과 관련된 이야기를 담고 있다. 그럼에도 불구하고 역사를 대변하는 고전의 반열에 올랐다. 어렵고 난해한 책이 고전이 되는 게 아닌 본질의 문제다. 성경의 흐름을 알면 고전문학을 이해하는 데도 도움이 된다. 이는 굉장히 수준 높은 지식인의 대열에 동참할 수 있다는 것과, 스스로의 미래를 재창조하는 데 많은 도움이 된다는 것도 의미한다. 세상 어느 누구도 성경의 위대한 권위를 제쳐두고 강한 마음을 가질 수 없다.

나는 매일 아침 성경을 읽는다. 20장도 읽고, 30장도 읽고, 바쁠 때는 5장도 읽는다. 한 장도 읽지 못하는 날도 있지만 다음 날 더욱 마음을 들여 성경을 읽는다. 일종의 죄책감인 셈이다. 성경은 논리적으로 생각하지 않으면 결코 이해할 수 없도록 쓰인 책이다. 어떤 사람도 성경의 권위 앞에서 함부로 행동하거나 말할 수 없다. 인간이 기록할 수 없는 깊은 마음의 세계를 담고 있기 때문이다. 아침에 성경을 읽고 하루를 시작하면 이전까지 생각하지 못했던 창의적인 생각이 떠오른다.

책은 아무리 잘 써도 책 이상이 될 수는 없다. 아무리 세계적인 작가가 쓴 위대한 책이라 해도 결국은 인간의 머리에서 나온 글이다. 성경은 그렇지 않다. 슬픔을 써야 할 때, 소망을 써야 할 때, 기쁨과 즐거움을 써야 할 때 나는 성경에서 그런 마음의 흐름이 어떻게 기록되었는지 읽고 연구했다. 그러면 반드시 결정적인 결과물들이 나왔다. 지혜가 넘치고 따뜻하며 용기로 가득한 성경은 하루를 어떻게 시작해야 하는지, 책을 어떻게 써야 하는지 완벽한 기준을 세워준다.

> 다윗이 블레셋 사람에게 이르되 너는 칼과 창과 단창으로 내게 오거니와 나는 만군의 여호와의 이름 곧 네가 모욕하는 이스라엘 군대의 하나님의 이름으로 네게 가노라 오늘 여호와께서 너를 내 손에 붙이시리니 내가 너를 쳐서 네 머리를 베고 블레셋 군대의 시체로 오늘날 공중의 새와 땅의 들짐승에게 주어 온 땅으로 이스라엘에 하나님이 계신 줄 알게 하겠고, 또 여호와의 구원하심이 칼과 창에 있지 아니함을 이 무리로 알게 하리라 전쟁은 여호와께 속한 것인즉 그가 너희를 우리 손에 붙이시리라
>
> —「성경」사무엘상 17:45-47

다윗과 골리앗의 전투는 유명하다. 세상에 존재하는 어떤 책도 '용기 있는 사람의 모습'을 이보다 세밀하고 감동적으로 기록할 수 없다. 하루를 시작할 때마다, 혹은 한 가지 주제를 정해 책을 쓸 때마다, 나는 우선 성경에서 강한 영감과 지혜를 얻는다.

내면의 성찰을 위한 노력 중에는 독서 이외에 다른 습관도 있다. 음악 감상도 좋고, 산책도 좋다. 그렇다고 해서 창조적 사고, 혹은 사회경제의 발전과 같은 미래를 예측하는 식의 정확한 선택을 할 수 있는 지적 탁월함이 어느 순간 갑자기 생기는 것은 아니다. 창의적 사고를 하기 위한 의도적 노력은 누구에게나 필요하다. 성경은 그런 노력의 결과를 가장 혁신적으로 발전시킬 수 있도록 도움을 주는 최고의 책이다.

물론 이 책에서 특정 종교를 옹호한다거나 전도의 목적으로 성경의 우수성을 이야기하는 것은 결코 아니다. 신앙이나 종교의 관점은 개인의 자유의지로 말미암아 만들어지는 것일 뿐, 타인의 강요나 권유로 만들어지는 게 아니기 때문이다. 그저 막연한 방황으로 가득했던 나의 20대 때 만났던 성경의 무오성과 깊이가 그어떤 책보다 내 마음을 깊이 울렸으므로 내가 받은 감사와 감동을 전하고 싶은 마음에 이야기했을 뿐이다. 선택은 나의 몫이 아닌 당신의 몫이다.

📖 누구나 약한 마음을 갖고 산다

나이가 들면서 만나는 문제들이 있다. 겉으로 보기에 문제없어 보이는 사람들이 정작 마음에 많은 문제를 안고 살아간다. 경제적 어려움, 이혼, 외로움, 우울증은 누구에게나 견디기 힘든 고통을 안겨준다.

어른이 되면 어른이 되기 전에는 보이지 않던 문제들이 보이기 시작한다. 어린아이가 가진 문제들과는 비교할 수 없는 크기와 다양한 어려운 문제가 찾아온다. 부모도 마찬가지다. 부모가 되기 전에는 보이지 않던 세계가 생명을 얻고 난 뒤에야 비로소 보이는 법이다. 그럴 때 어려움을 이길 힘은 어디에서 오는가?

나는 아버지의 눈물을 본 적이 있다. 내가 초등학교 1학년 때, 할아버지가 돌아가셨다. 그때 아버지가 우시는 모습을 처음 보았고 내가 고등학생일 때, 술에 취해 내 어깨를 감싸 안으시며 "아들놈은 아빠 마음도 모르고 말이지." 하시고는 또 눈물을 보이셨다. 그러나 아버지는 그 뒤로 자식들 앞에서 한 번도 눈물을 흘리신 적이 없다. 그때는 아버지의 마음을 이해할 만한 지혜도, 마음의 깊이도 나에겐 없었다. 하지만 세월이 흘러 나도 아버지가 되고 나서야 비로소 아버지의 마음이 조금씩 보이기 시작했다.

아내가 첫째 아들을 출산하고 난 직후에 나는 아버지에게 전화를 드렸다.

"아버지, 좀 전에 아들을 출산했습니다. 산모와 아기 모두 건강하답니다."

"그래, 수고했다."

환호성도, 감탄사도 없었다. 그저 평소와 다름없는 목소리였지만 아버지의 목소리는 분명 떨리고 있었다. 그리고 그날, 아버지는 할아버지의 산소에 다녀오셨다고 했다.

아버지는 평생을 공무원으로 근무하며 안정적인 삶을 살아오신 분이다. 하지만 당신이 잃어버린 꿈과 소망이 어떤 것이었는지, 가족을 위해 헌신했던 인고의 시간이 어떤 것이었는지에 대해서는 단 한 번도 생각해본 적이 없었다. 지금의 내 나이보다 어린 나이에 아버지는 당신의 아버지를 잃었고, 아버지라는 이름으로 가족을 위해 꿈과 인생을 바치셨다. 나는 아버지가 할아버지의 산소에서 어떤 대화를 나누셨는지 궁금했다.

"아버지, 아들이 아이를 낳았습니다. 저도 이제 할아버지가 되었습니다."

아버지가 가진 마음의 소리가 나에게도 전해 들려오는 듯했다.

언젠가 존경하는 은사님이 돌아가셨는데 사모님은 눈물을 흘리며 "당신이 죽으면 나와 두 아들은 갈 곳이 없다."라고 이야기하셨다. 그러나 그분은 죽음 앞에서도 두려워하지 않았다. 피를 토하는 고통 속에서도 두 아들을 불러 "평생 남을 돕는 삶을 살아라." 라고 당부했다고 한다. 이 모습을 지켜보던 간호사는 "선생님의 삶을 배우고 싶습니다. 암 앞에서도 두려워하지 않는 마음을 배우고 싶습니다." 하고 이야기했다. 나는 그분이 죽음 앞에서 담대할 수 있었던 사실에 깊은 감동과 존경심을 느꼈다. 깊고 아름다운 마음을 가진 사람들의 세계에는 배울 점이 많다.

아버지와 어머니는 가족에 대한 사랑이 풍부하고 마음이 깊은 존재다. 그런 아버지와 어머니가 휘청거리면 가족도 흔들린다. 건강하게 뿌리내리지 못한 마음에 행복의 열매가 맺히기란 어렵다. 행복의 열매는 자신의 부족함을 느낀 사람에게만 찾아오는 귀한 세계다. 성경은 나의 부족함을 가장 가까이에서 느낄 수 있도록 도와주는 책이다. 당신은, 당신의 부족함을 얼마나 깊이 느끼고 있는가?

03

독자에서 작가로, 작가에서 강연가로

『대통령의 글쓰기』로 베스트셀러 작가가 된 강원국은 그의 저
서『강원국의 글쓰기』프로필에 자신을 이렇게 소개한다.

남의 글을 쓰다가 남의 회사를 다니다가 우연히 출판사에 들
어갔고, 난데없이 베스트셀러 저자가 되어 지금은 저자 겸
강연가로 살고 있다.

인생을 살면서 숱하게 만나게 되는 갈림길에서 세상은 최선의
선택을 요구하기 마련이다. 작가 강원국의 프로필을 언급하는 이

유는 살면서 최선의 선택을 한다는 의미가 나의 의지나 운명만으로 당락 지을 수 있는 세계가 아님을 이야기하고 싶어서다.

제프 베조스 아마존 회장의 『아마존 성장 그래프』는 아마존이 어떻게 세계 최고의 기업이 될 수 있었는가의 해답을 제공해준다. 이런 성장 그래프는 기업의 성장에만 국한되는 게 아니다. 독서에도 적용된다. 독서를 하다 보면 가속도가 붙어 속독이 가능해지고 엄청난 속도로 책을 읽어나갈 수 있다. 양질의 독서를 통한 다양한 정보 습득이 가능해진다. 시간이 흐르면 나한테 맞는 책을 고르는 눈이 만들어지고 자연스럽게 다양한 분야로 독서 영역이 넓어진다.

▤ 아무나 달라지지 않는다

자신의 부족함을 느끼지 못하면 독서하는 행위 자체가 의미 없는 일이 되어버린다. 변화는 부족한 사람의 전유물이다. 아무나 변화하지 않는다. 독서를 통해 변화하는 사람이 있는가 하면, 자만심만 가득한 사람도 있다. 행복과 감사함으로 가득한 사람이 있는가 하면, 마음에 알맹이는 없고 쉬운 책만 찾아 사방팔방 헤매는 사람도 있다. 다 옳다. 단, 변화하는 사람은 정해져 있다.

20대 초반, 내 꿈은 시인이 되는 것이었다. 그래서 혼자 틈틈이 시를 썼다. 군에 입대한 뒤 병장 시절에는 인트라넷에도 가끔 시를 썼다. 그러던 어느 날, 내 시에 어떤 사람이 답글을 달았다. '이건 시가 아닙니다'라는 제목이었다.

얼굴도 모르는 사람으로 다른 부대의 병사이거나 간부였을 거다. 그는 전문가였다. 내 시를 하나하나 뜯어가며 호되게 지적했다. 자세한 내용은 기억나지 않지만 처음부터 끝까지 빨간색 줄을 그어가며 잘못된 부분을 짚어주었던 게 기억난다. 그리고 마지막에 이런 내용을 남기고 답글을 마무리 지었다.

당신이 쓴 것은 시가 아닙니다. 시가 아닌 읊조림이었다는 사실에 부끄러워서, 당신은 앞으로 한동안 시는 쓸 수 없을 것입니다. 오늘을 기점으로 많은 발전이 있기를 바랍니다. 마지막으로 제가 좋아하는 정현종 시인의 〈섬〉을 올려드립니다. 이 시를 읽으면서, 시가 무엇인지 생각해보는 하루가 되시길 바랍니다.

사람들 사이에 섬이 있다
그 섬에 가고 싶다

그때 나는 20대 초반의 젊은이였다. 대수롭지 않게 '까짓것 안 쓰면 되지' 생각했다. 그러나 호된 지적을 받은 뒤로 나는 다시는 시를 쓰지 못했다. 장래희망에서 아예 '시인'이라는 단어 자체를 삭제해버렸다.

시는 화려한 말재주로 빠르게 써 내려가면 완성되는 게 아니었다. 세상을 통찰할 수 있는 능력을 갖춘 사람이 가장 압축된 단어로 꾹꾹 눌러 담은 탁월한 세계였다. 내가 시를 쓰는 아름다움에서 점점 마음이 멀어지게 된 건, 내가 쓴 시가 하찮은 읊조림에 불과하다는 깨달음 때문도 있었지만, 시를 쓴다는 사람들의 '탁월함을 뒷받침하지 못하는 불쾌한 언행과 교만한 행동' 때문도 있다.

독서를 통해 내면이 성장한 사람은 그렇지 않은 사람보다 겸손해야 한다. 자신의 부족함을 깨달은 사람은 꾸준히 독서를 할 것이고, 그러면 이전보다는 갑절이나 깊어진 마음의 세계를 갖는 것도 당연한 이치가 아닐까?

그렇다고 해서 눈에 보이지 않는 마음의 세계가 어느 순간 급격히 달라지거나 깊어지는 것은 아니다. 하룻밤 사이에 사과나무가 자라지 않듯 변화는 소리 없이 일어나는 법이다. 알아차리기 어렵다. 변화하는 상황을 늘 예의주시해야 하는데 그 또한 쉽지 않다. 많은 사람이 알아차리지 못하는 이유다. 사람들이 변화를 알아차리는 데는 일정한 법칙이 있다. 이른바 최소 식별차이(Just

Noticeable Difference, JND)라고 불리는 것으로 인간이 인식할 수 있을 정도의 변화를 의미하는 단어다.

예를 들어 3살짜리 꼬마가 13살이 되면 누구나 그 변화를 충분히 느낄 수 있다. 그러나 100층짜리 건물이 101층이 되면 최소 식별차이에 이르지 못하므로 누구나 쉽게 눈치채기 어렵다. 늘 보는 주변 사람들의 미세한 변화를 알아차리지 못하는 것과 같다. 독서도 마찬가지다. 독서로 성장할 수 있다. 그러나 자신의 성장을 깨닫는 데 오랜 시간이 걸린다.

▤ 독서로 만들어진 마음의 세계

얼마 전 사업가 한 분을 만났다. 사업을 하면서 870권 정도의 책을 읽었다고 하는데, 선물과 분실한 책들을 모두 합치면 약 1,000권 정도의 책을 읽은 것 같다고 이야기했다.

"지난 5년간은 정말 열심히 일했습니다. 이러다 내가 죽는 것 아닌가, 이러다 과로사로 쓰러질 수도 있겠다 싶을 정도로 열심히 일했습니다. 그 결과가 이제 나타나는 것 같습니다."

결코 적지 않은 책을 읽은 사람이다. 그러나 다독보다 놀라운 사실은 따로 있었다. 상대를 배려하면서 이야기하는 듯한 정확한 발음, 적당한 높낮이를 가진 목소리 톤, 정제된 단어 사용이 첫 번째였다. 무엇보다 48살의 사업가였던 그가 독서하면서 만들어진 마음으로 이룩한 자기성장의 결과물들이 두 번째 놀라움을 안겨주었다.

1. 해외에서 발생한 개인사업 매출액 220억 원
2. 브라이언 트레이시, 존 맥스웰, 스티븐 코비와 개인적 친분

다른 방면에서 큰 성장을 이룬 사람도 많다. 어떤 작가는 억대 연봉을 받으며 직장생활을 하다 마흔 언저리의 나이에 퇴사해 3년 동안 독서를 했다. 그렇게 도서관에서 살다시피 하며 3년 만에 1만 권의 책을 읽은 뒤 60권의 책을 잇달아 출간하면서 글쓰기 강사, 작가로서의 삶을 살고 있다.

책을 쓰지 않았거나 읽지 않았다면 지금쯤 협수룩한 가장이 되어 권고사직을 걱정해야 하는 중년 신사가 되어 있을지도 모를 일이다. 대기업 직원으로 억대 연봉을 받던 사람이 뜬금없이 퇴사한다고 사직서를 낼 때 많은 사람이 그를 말렸을지도 모른다. "책을 보고 싶어서 억대 연봉을 포기하고 퇴사하겠다고?" "뭔가 이상하게 돌아가는 거 아니야?" 그러나 10년이 지난 지금, 그의 인생은 과거와 비교할 수 없을 정도로 경제적, 지적, 시간적으로 여유로워

졌다. 비약적 풍요로움은 아무에게나 찾아오는 게 아니다.

> 우리는 우리 뇌에 있는 자신의 이미지에 반응한다. 그 이미
> 지를 좋게 하면 우리는 나아진다. 자기 이미지는 사실에 의
> 해서만 바뀌는 것이 아니라 자기 암시적 경험에 의해서도 바
> 뀐다.
>
> — 맥스웰 말츠

첫 책 『교육의 힘』을 출간한 뒤 교보문고에서 저자 강연회를
가진 적이 있다. 큰 기대는 없었다. 3명 정도만 와도 성공한 강연
회가 되겠다고 생각했다. 2시 강의였는데 1시 58분까지 아무도 없
었다. 2시가 되자 한 명이 들어왔다. 2시 10분이 되자 관객이 5명
으로 늘어났다. 그렇게 5분을 모시고 강연회를 마쳤고, 참석해주
신 분들이 유익한 강연이었다고 칭찬해주셨다. 강연가로서의 첫
발을 디딘 기회였다. 그리고 얼마 지나지 않아 100명이 넘는 학부
모 앞에서 자녀교육에 관련된 강의를 할 기회가 생겼고, 200명이
넘는 사람들에게 독서법과 책 쓰기 특강을 할 수 있는 기회도 생겼
다. 지금은 전국 교육기관과 군부대에서 독서코칭과 인성교육, 책
쓰기 특강을 실시할 계획을 갖고 있다. 이제 그 기회를 어떻게 키
울 것인가는 내가 고민해야 할 문제다.

04
어떻게 살 것이며, 어떻게 죽을 것인가

몇 년 전에 있었던 일이다. 아랫배가 쿡쿡 쑤셨다. 회사 업무가 바빠 그러려니 생각했는데 시간이 지날수록 점점 아파왔다. 혹시나 하는 마음에 병원을 찾았는데 맹장염이었다.

"터지기 전에 오셨네요. 다행입니다. 빨리 수술하시는 게 좋겠습니다."

30분이면 끝나는 간단한 수술이지만 수술을 앞두고 병원 가운으로 갈아입는 와중에 많은 생각이 들었다. 의료사고는 언제든지 일어날 수 있듯이 죽음도 그렇다는 마음이 들었다. 수술 후 마취가 풀리고 제법 개운해졌을 때 아내에게 읽을 책과 필기구를 가져다 달라고 부탁했다. 아침부터 밤까지 책을 읽고, 기도하고, 필기했다.

사이토 다카시 메이지대 교수는 젊은 시절 큰 병을 앓으면서 죽음을 실감했다고 한다. 어떻게 하면 남은 인생을 잘 꾸려갈 수 있을까, 어떻게 하면 후회 없는 인생을 살 수 있을까 고민하던 그는 지금보다 더 즐겁게 공부하기로 결심한다. 이후 50권이 넘는 책을 출간했고, 교수이자 강연가로서의 삶을 살아가고 있으며 지금도 여전히 공부하고 있다.

나도 그랬다. 암 같은 병에 비하면 맹장염 수술은 아무것도 아니다. 그런데도 삶에 강한 애착이 생기기 시작했다. 행복한 가정, 원만한 교우관계 같은 부분을 제외하고 인생에서 얻을 수 있는 최상의 결과는 고작해야 경제적 성공에 불과하다. 그렇다면 그런 경제적 성공을 제외하고 내가 추구할 수 있는 것은 무엇인가 고민하게 되었다. 답은 금방 찾을 수 있었다. 더 나은 나를 만들기 위한 공부, 그 공부에 대한 욕심이었다.

우보천리면 호보만리(牛步千里, 虎步萬里)라는 말이 있다. 소의 걸음으로 우직하게 천 리를 간다면 호랑이 걸음으로 만 리를 갈 수 있는 힘과 지혜가 생긴다는 뜻이다. 인생을 살아가는 데 필요한 재능과 지혜가 찰나의 고통을 인내했다는 경험이나 어떤 성공적인 결과물에 의해 만들어지는 게 아니듯이, 지금보다 성숙한 인간으로서의 면모를 갖추기 위해 필요한 공부는 좋은 대학을 입학하기 위해 필요한 지식이나 학자가 되기 위해 갖춰야 할 소양과 거리가 멀다. 내게 공부의 진정한 목표는 아무리 험난한 상황을 맞닥뜨리더라도 지혜롭게 헤쳐나갈 수 있는 내공을 갖추는 일이다.

죽음 앞에 나를 세워보니, 공부가 하고 싶어졌다. 책이 읽고 싶어졌고, 무엇이든 배우고 싶은 마음이 간절하게 들었다. 나를 위해서 사는 게 아닌, 의미 있는 삶을 살고 싶은 마음이 들었다.

독서토론모임을 가지며 초등학교 4학년 아들을 둔 분을 알게 되었다. 어느 날 아들이 자신에게 심오한 질문을 했는데 답을 못 했다며 나라면 어떻게 답할 거냐고 물었다. 그 질문은 바로 "인생이 뭐예요?"였다. 나는 "지혜를 쌓는 과정입니다."라고 답했다.

다음은 내가 존경하는 은사님이 하신 말씀이다.

"죽고 난 뒤, 자네 영혼이 누워 있는 육체를 보며 얼마나 허망하게 생각하겠는가? 육체는 결국 흙이 되어 사라지고 말 텐데, 자네가 육체 하나만을 위해서 평생 살아간다면 그 인생의 끝이 얼마나 허망하겠는가?"

나는 은사님의 말씀을 듣고 어떤 인생을 살아야 하는지 깊이 생각해보았다. 그리고 흙으로 돌아갈 육체를 위해 사는 것보다 지금의 중요한 일을 위해 마음을 쏟으며 살기로 결심했다.

스코틀랜드의 위대한 작가이자 성공학의 대가인 새뮤얼 스마

일즈는 "강한 마음을 지닌 사람만큼 축복받은 사람은 없다."라고 말했다. 마음이 강한 사람은 무슨 일을 만나든지 이겨낼 수 있고, 어려움 앞에서도 쉽게 마음이 무너지지 않기 때문이다.

좋은 책은 결국 인간의 마음을 가장 따뜻하게 만들어주는, 깊고 다양하게 사색할 수 있도록 마음을 이끄는 단어들의 조합이라 할 수 있다. 그런 책을 가까이 두고 읽는 사람은 자신의 부족함을 발견하고 뿌리가 깊은 나무처럼 우뚝 성장하리라. 그래서 나는 책이 좋다.

독서로 탁월한 나를 만나다

어느 작가는 한 권의 책을 쓰는 데 30권 정도의 책을 읽으면 충분하다고 이야기한 걸 들은 적이 있다. 글쓰기에 대한 책을 쓴 어떤 작가는 200권 정도의 책을 읽으면 한 권의 책을 쓰는 데 충분하다고 이야기했다. 다치바나 다카시는 한 권의 책을 쓰기 위해 500권의 책을 읽는다고 이야기했다.

나 역시 이 책을 쓰기까지 읽은 책들을 대충 계산해봤다. 도서관에서 대여한 책 리스트를 정리해보고, 웹페이지에서 프린트한 자료들을 스크랩해서 모아보았다. 살펴보니 책을 쓰기 위해 읽은 책은 50권 남짓이고, 스크랩으로 모은 자료들은 A4 기준으로 700장 정도 되었다. 스티븐 킹이나 다치바나 다카시, 김훈 작가 같은 사람들과 비교해 한참 못 미치는 양이다. 할 말이 없다.

하지만 이 책을 쓰기 위해 지난 몇 년간 읽은 책은 대충 계산해 봐도 2,000권이 넘는다. 모든 내용을 기억하고 있진 않지만 그 사이에 형성된 습관, 속독능력, 추리력, 사고력도 무시할 수 없다.

첫 책『교육의 힘』이 출간되고 난 뒤 부모님이 아주 기뻐하셨다. 공부라고는 전혀 할 줄도 모르고 말썽이나 피우던 내가 책을 썼다니, 주변에서도 그렇게 좋아하셨나 보다. 그런 마음을 담아 두 번째 책『탁월한 책쓰기』가 출간되었고,『초성장 독서법』도 쓰게 되었다. 세 번째 책이 끝남과 동시에 네 번째, 다섯 번째 책 계약 소식도 들려왔다. 한 해에만 5권의 책을 집필했고 여섯, 일곱 번째 책도 집필 중이다.

책은 마음의 거울이다. 누구에게나 동일한 원칙이다. 타인의 경험과 삶에 비추어서 보지 않는 이상 인간은 결코 자신의 마음을 비춰 살펴볼 만한 재주가 없다. 지혜도 마찬가지다. 독서 없이는 얻을 수 없는 세계다.

꾸준한 독서는 마음을 계속 파내며 좋은 거름을 만드는 일과 같다. 좋은 밭에 씨를 뿌리면 새싹이 자라고 열매가 맺히듯, 마음의 밭에 씨앗을 뿌리기 위해서는 좋은 마음이 만들어져야 한다. 오늘부터 마음을 만드는 일에 몰입해보는 건 어떨까? 독서를 통한 좋은 마음을 만드는 일, 결국 탁월한 나를 만드는 일이다.